玩出創造力

50個樂高創意遊戲

黃楹進◎著

序

　　「從遊戲中學習」（Playing and Education）是許多知名教育學者所倡導的有效創造力的教學理念，本書出版的宗旨實則呼應此一觀點，希望透過引導讀者「在玩積木中學創意」的模式，落實動手實做累積智能寶庫，動腦創作開發獨特創作。

　　本書分為五篇，包括名稱篇、邏輯篇、益智篇、技巧篇、闖關篇。首先，名稱篇簡單介紹各式樂高積木的常用名字，接續的四篇中，每篇均有十二至十三個趣味性十足且饒富意義的遊戲單元，合計共達五十個遊戲單元。邏輯篇主要在於訓練推理的縝密性，益智篇啓發智慧的爆發性，技巧篇著重解題的變化性，闖關篇則發揮創意的綜效性。

　　在五十個遊戲單元當中，每一個單元均設計為獨立且完整的遊戲，依序分為「好玩指數」、「挑戰任務」、「準備道具」、「遊戲說明」、「我的創意」五大部分。

1.好玩指數：標明該單元難易程度與可參與人數。

2.挑戰任務：即為遊戲任務或欲挑戰目標的相關簡述。

3.準備道具：詳細羅列該單元遊戲進行所有需要使用到的各種積木與其他道具之種類、數量。

4.遊戲說明：先導引如何完成所需道具的製作，並仔細記載該單元進行的方法與任務目標達成的設定。

5. 我的創意：提供一塊空白的創意空間，讓讀者舉一反三，記錄下創新發明的點點滴滴。

　　每一個遊戲單元依整個遊戲的難易程度分為「1顆星」、「2顆星」、「3顆星」、「4顆星」，以及「5顆星」共5種難易度，其中「1顆星」最簡易，「5顆星」最困難。依可參與人數多寡分為「適合1人遊戲」、「適合2人遊戲」以及「適合多人遊戲」。

　　積木是發展創造力的最佳教材，本書為推廣創造力教育的優良參考書，適合各級學校「創造力」、「創意」相關課程實做指引基礎，亦可做為家庭教育親子互動的輔佐書籍，或是積木迷相聚時的啟發議題，當然也適用於企業進行「樂高認真玩」訓練活動，加強改革創新與企業績效的有效工具。

　　本書可以增強推理思考、問題解決、創造發明、團隊合作的能力，熟練本書五十個遊戲單元後，當可發揮想像力與創造力，衍生創作出改良版遊戲或全新遊戲，達到本書期許從簡單積木激發科學創意火花，讓讀者愈玩愈精明的「玩出創造力」目標。

　　最後，本書能夠完整呈現給讀者，特別要感謝樂高機器人教學團隊 ——「玩樂高手」的林君怡、林永正、蔡美信等諸位老師的協助。

黃楹進　2010年3月

玩出創造力

 50個樂高創意遊戲

CONTENTS 目錄

名稱篇

樂高積木介紹

樂高積木介紹

　　形形色色的積木帶給許多人歡樂的時光，它們的形狀可說是千奇百怪，它們的顏色亦是爭奇鬥艷。每一種積木都如同人類一般，有著特定的名稱，藉此我們才能找出真正需要的積木種類，拿出正確的積木數量，放置在確實的相關位置，順利完成積木的堆疊活動。茲分別簡述各種常見積木的名稱，包括磚塊、平板、橫桿、十字軸……等。

磚 塊

磚塊是最常見的積木，磚塊的名稱常以「共幾排×每排豆豆數長」的方式命名。**圖1**所示為單排豆豆數的磚塊，由左至右依序為1×2磚塊、1×3磚塊、1×4磚塊、1×6磚塊。例如1×2磚塊即為「共1排×每排2個豆豆數長」磚塊，其餘依此類推。

1×2　　1×3　　1×4　　1×6
圖1 單排豆豆數的磚塊

圖2所示為兩排相同豆豆數的磚塊，由左至右依序為2×2磚塊、2×3磚塊、2×4磚塊、2×6磚塊、2×8磚塊。例如2×6磚塊即為「共2排×每排6個豆豆數長」磚塊。

2×2　　2×3　　2×4　　2×6　　2×8
圖2 兩排相同豆豆數的磚塊

平 板

平板亦是常見的積木,平板的高度為
磚塊的三分之一,亦即3個平板的高
度與1個磚塊的高度是一樣高。平板
的名稱常以「共幾排×每排豆豆數長」
的方式命名,**圖3**所示為單排豆豆數的
平板,由左至右依序為1×2平板、1×4
平板、1×6平板、1×8平板、1×10平
板。例如1×2平板即為「共1排×每排2
個豆豆數長」平板,其餘依此類推。

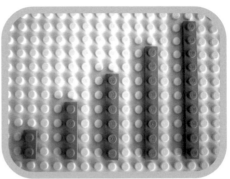

1×2　1×4　1×6　1×8　1×10
圖3 單排豆豆數的平板

圖4所示為兩排相同豆豆數的平板,
由左至右依序為2×2平板、2×3平板、
2×4平板、2×6平板、2×8平板、2×10
平板。例如2×4平板即為「共2排×每
排4個豆豆數長」平板。

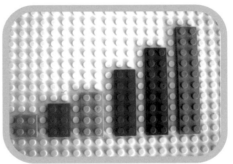

2×2　2×3　2×4　2×6　2×8　2×10
圖4 兩排相同豆豆數的平板

圖5所示為中間有圓洞的平板,由左
至右依序為2×4圓洞平板、2×6圓洞
平板、2×8圓洞平板。

平板與圓洞平板的主要差別為圓洞平
板的圓洞多一項作用,就是可以藉此
圓洞與其他積木結合在一起。

2×4　　2×6　　2×8
圖5 中間有圓洞的平板

橫桿

橫桿亦是常見的積木,橫桿的名稱均以冠上幾個豆豆長的方式來命名,橫桿的高度和磚塊的高度一樣高。如圖6所示,由左至右依序為2個豆豆長橫桿、4個豆豆長橫桿、6個豆豆長橫桿、8個豆豆長橫桿、10個豆豆長橫桿、12個豆豆長橫桿、16個豆豆長橫桿。

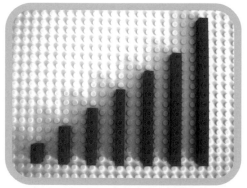

圖6 不同豆豆數的橫桿

橫桿還可用另一種方法來命名,亦即把橫桿平躺,會發現每個橫桿側邊均會有孔洞,如圖7所示,由左至右的名稱依序為1個孔洞長橫桿、3個孔洞長橫桿、5個孔洞長橫桿、7個孔洞長橫桿、9個孔洞長橫桿、11個孔洞長橫桿、15個孔洞長橫桿。

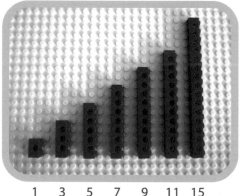

圖7 不相孔洞數的橫桿

對照圖6與圖7可以發現,圖6最左側的2個豆豆長橫桿即為圖7最左側的1個孔洞長橫桿,其餘各橫桿亦為同理。但是一般橫桿的稱謂還是以冠上豆豆長的方式較為普遍。

十字軸

十字軸的名稱是以它的長度為幾個豆豆長的方式來呈現,譬如十字軸的長度為3個豆豆長,即稱為3個豆豆長的十字軸。如**圖8**所示,由左至右依序為3個豆豆長十字軸、4個豆豆長十字軸、5個豆豆長十字軸、6個豆豆長十字軸、8個豆豆長十字軸、10個豆豆長十字軸、12個豆豆長十字軸。

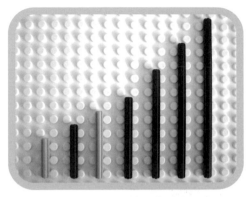

3　4　5　6　8　10　12

圖8 各種長度的十字軸

連接器

積木的連接器有很多種類,藉由連接器的使用,讓各式合適積木套在連接器的兩側,達到組合零散積木,變成一體的功能。連接器兩側均為凸型結構,因此欲連接的積木則必須是凹型結構,如此才能順利連接在一起。依照欲連接積木的形狀與目的不同,經常使用**圖9**的各式連接器,包括十字與圓孔連接器、十字連接器、鬆配合圓孔連接器、緊配合圓孔連接器。

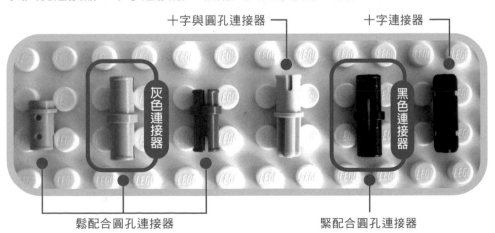

十字與圓孔連接器　　　　十字連接器

灰色連接器　　黑色連接器

鬆配合圓孔連接器　　　　緊配合圓孔連接器

圖9 各式連接器

齒 輪

齒輪在日常用品與器具結構上時常可見，是一種傳遞與改變能量的好媒介。運用大小不同齒數齒輪的結合，可以輕易改變力量大小與速率快慢。**圖10**至**圖17**為各式常見齒輪型態，主要包括40齒數齒輪、24齒數齒輪、16齒數齒輪、8齒數齒輪、24齒數冠狀齒輪、12齒數斜齒輪、蝸輪、10齒數齒條。

圖10　40齒數齒輪

圖11　24齒數齒輪

圖12　16齒數齒輪

圖13　8齒數齒輪

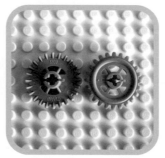

圖14　24齒數冠狀齒輪

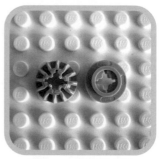

圖15　12齒數斜齒輪

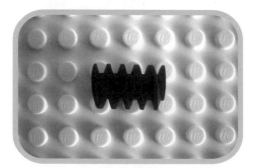

圖16　蝸輪

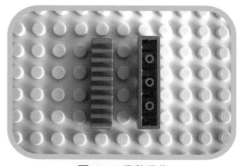

圖17　10齒數齒條

滑 輪

滑輪與齒輪同為傳遞能量的媒介，因此在實際應用上和齒輪差異不大，兩者各有其優缺點。不同之處為滑輪是透過皮帶或橡皮筋把能量由一個滑輪傳到另一個滑輪。常見的滑輪如**圖18**所示，由左至右依序排列為方向盤型滑輪、中型滑輪，黃色滑輪，**圖19**則為馬達專用滑輪。

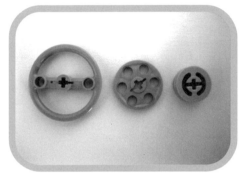

圖18 各式滑輪

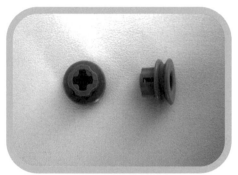

圖19 馬達專用滑輪

凸 輪

凸輪是一種特殊的機械裝置，主要是用於開啓與關閉型態的機械設計，如**圖20**所示。

圖20 凸輪

輪 子

輪子的用途是為讓積木達到移動的功能。輪子的種類繁多，常見的形式如**圖21**所示。

圖21 各式輪子

套 筒

套筒的用途為固定積木，避免積木滑動，影響結構的緊密度，常見的二種套筒形式，如**圖22**所示。

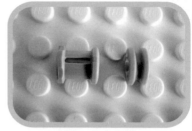
圖22 大小套筒

軸連結器

1根十字軸長度不夠長時，可利用軸連結器連接另外1根十字軸，藉此達到所需十字軸長度的目的。**圖23**為標準的軸連結器，**圖24**與**圖25**為軸連結器的使用範例。

圖23 軸連結器

圖24 軸連結器使用前

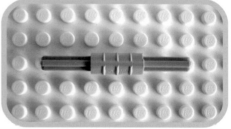
圖25 軸連結器使用後

橡皮筋

橡皮筋的主要目的為連結滑輪與滑輪，形成可傳遞能量的滑輪組，此外，亦可用於彈力的形成來源。**圖26**為常用的橡皮筋，日常生活常用的橡皮筋只要鬆緊度合適也可用來取代**圖26**的橡皮筋。

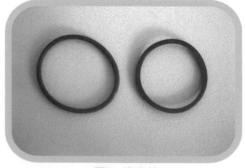
圖26 橡皮筋

特殊積木

圖27至**圖44**所示為常見的特殊積木,這些特殊積木均有其特別的用途,亦常用於積木作品的製作與創造。

圖27 鏈條

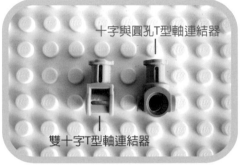

十字與圓孔T型軸連結器

雙十字T型軸連結器

圖28 T型的軸連結器

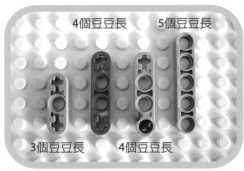

4個豆豆長　　5個豆豆長

3個豆豆長　　4個豆豆長

圖29 圓孔與十字型的連桿

圖30 各式圓孔與十字型的軸連結器

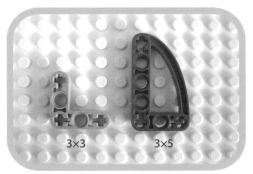

3×3　　　　3×5

圖31 各式圓孔與十字型的L型連桿

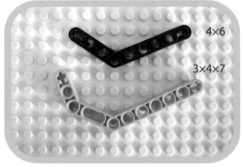

4×6

3×4×7

圖32 各式圓孔與十字型的角度連桿

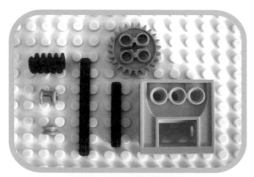

圖33 大力箱零件圖

圖34 大力箱完成圖

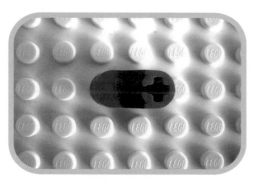

圖35 轉子

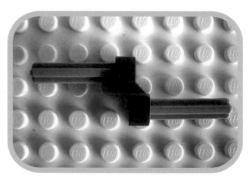

圖36 轉子與十字軸

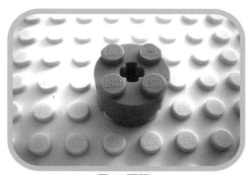

圖37 圓磚

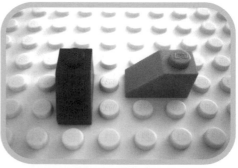

圖38 屋頂磚塊

圖39 2×2L型平板

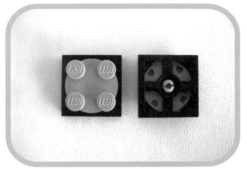

圖40 2×2可旋轉型平板

圖41 十字孔橫桿

圖42 圓瓦

圖43 圓板

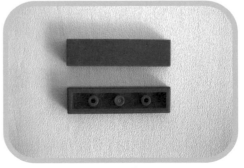

圖44 平瓦

邏輯篇 1~13

01 移動世界

好玩指數 ▶

★★★★★ 適合1人遊戲

挑戰任務 ▶

在1個酒杯中放置3個銅板，要如何迅速把銅板由酒杯內移動至酒杯外呢？
動動腦想一想，在只能移動2根橫桿的限制下，如何把酒杯內的3個銅板移
動至酒杯外？

準備道具 ▶

1-1

- 6個豆豆長橫桿4根
  （或以其他不同長度代替）

- 16齒數齒輪3個
  （或以其他不同齒數代替）

（如圖**1-1**所示）

遊戲說明 ▶

STEP 1 ··············

先利用4根6個豆豆長橫桿排成酒杯
形狀，如圖**1-2**所示。

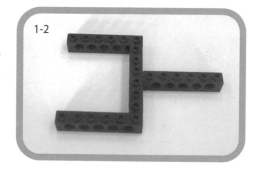

1-2

STEP 2 • • • • • • • • • • • •

找出3個16齒數齒輪來代表銅板,把這3個齒輪放置在酒杯的中心位置,如圖**1-3**所示。

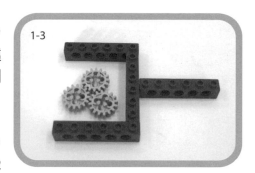

1-3

STEP 3 • • • • • • • • • • • • • •

想想看,在只能移動4根橫桿中的任意2根情況下,讓結果是出現齒輪被移至酒杯的外面,完成此部分後則不能再進行任何觸碰。

STEP 4 • • • • • • • • • • • • •

特別注意,當移動橫桿之後,杯口不一定要朝上、朝右,或其他方向,但必須仍為酒杯的原始圖案,不得變更為其他形狀。

1-4

STEP 5 • • • • • • • • • • • • • •

圖**1-4**所示為齒輪已經成功由酒杯內移到酒杯外的例子。

我的創意 ▶

02 連成一線

好玩指數 ▶

★★★★★　適合1人遊戲

挑戰任務 ▶

在只能移動3次齒輪的情況下，把所有5個齒輪排列成一直線。

準備道具 ▶

2-1

- 24齒數齒輪5個
  （或以其他不同齒數代替）

（如圖**2-1**所示）

遊戲說明 ▶

STEP 1 ·············

先把4個24齒數齒輪排成一直線，直行或橫列皆可。

STEP 2 ·············

再把第5個24齒數齒輪放置在第1個與第2個齒輪的連接處，此齒輪的輪齒必須與第1個和第2個齒輪的輪齒相互緊密契合，如圖**2-2**所示。

2-2

STEP 3 • • • • • • • • • • • • •

試試看,在只能移動3次齒輪的情況下,把所有5個齒輪排列成一直線。特別注意,每次移動時,不能只碰觸到單1個齒輪,而是必須與另外2個齒輪相接連,如圖2-3所示。倘若齒輪只與另外1個齒輪相接連,如圖2-4所示,則不符合該遊戲基本規則。

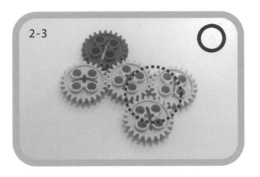

STEP 4 • • • • • • • • • • • • • •

圖2-5所示為5個齒輪已經成功連成一線的例子。

我的創意 ▶

03 田

好玩指數 ▶

★★★★★ 適合1人遊戲

挑戰任務 ▶

利用4根積木排列出「田」字型。

準備道具 ▶

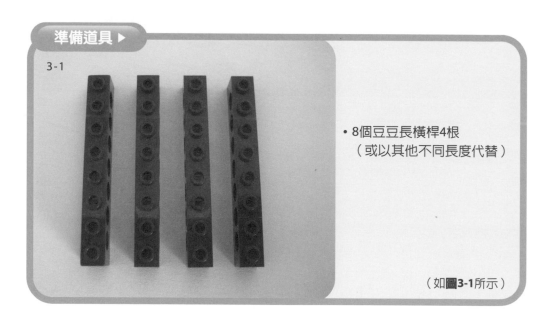

3-1

• 8個豆豆長橫桿4根
（或以其他不同長度代替）

（如圖**3-1**所示）

STEP 1 • • • • • • • • • • • •

想想看,如何利用4根8個豆豆長橫桿(
如**圖3-1**所示)排列出1個「田」字型,
此字型不限平面或立體。

3-2

STEP 2 • • • • • • • • • • • •

圖3-2所示為無法成功的例子,加油!
發揮對積木形狀空間的創意與創造力,
靜下心來,一定能解出正確答案!

邏輯篇

我的創意 ▶

04 積木河內塔

好玩指數▸

★★★★★ 適合1人遊戲

挑戰任務▸

在1次只能移動1根橫桿的情況下，讓原本位於左側的5根橫桿在不改變上下關聯的狀況下，全數移至最右側的十字軸上。

準備道具▸

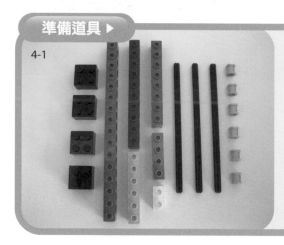

4-1

- 2×2磚塊4個
- 2個豆豆長橫桿1根
- 4個豆豆長橫桿1根
- 6個豆豆長橫桿1根
- 8個豆豆長橫桿1根
- 10個豆豆長橫桿1根
- 16個豆豆長橫桿1根
- 12個豆豆長十字軸3根
- 套筒6個

（如**圖4-1**所示）

遊戲說明▸

STEP 1 ∙∙∙∙∙∙∙∙∙∙∙∙∙

先把4個2×2磚塊分別固定於16個豆豆長橫桿的左右兩端。接著，利用6個套筒分別把3根12個豆豆長十字軸固定於橫桿之中，排列位置如**圖4-2**所示。

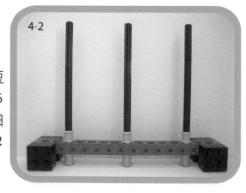

4-2

STEP 2

拿起10個豆豆、8個豆豆、6個豆豆、4個豆豆，以及2個豆豆長橫桿各1根，由下而上、由長至短，依序放置在左側十字軸之上（如圖**4-3**）。

4-3

STEP 3

在1次只能移動1根橫桿的情況下，把左側十字軸上的5根橫桿全數移至最右側的十字軸上，完成時仍須維持原來右側的排列順序。每次移動時，短橫桿一定必須置於長橫桿之上。

STEP 4

倘若已經成功達陣則可以進行挑戰難度更高的關卡。只要在左側十字軸原本的積木上，加上比10個豆豆更長的橫桿，例如12個豆豆、14個豆豆，則一樣由下而上、由長至短堆疊上去，此時就可以開始挑戰更難過關的河內塔了喔！

STEP 5

試試看能否以最少的移動橫桿次數，順利把規定的橫桿移至最右側的十字軸之上？

我的創意 ▶

05 菱形

好玩指數 ▶

★★★★★　適合1人遊戲

挑戰任務 ▶

在由18根積木組合而成的大三角形中，試著移動6根積木，讓剩餘積木變
成6個菱形的圖案。

準備道具 ▶

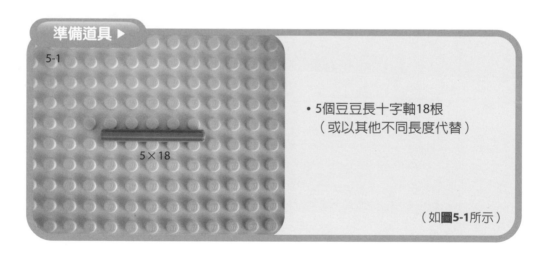

5-1

5×18

• 5個豆豆長十字軸18根
　（或以其他不同長度代替）

（如圖5-1所示）

遊戲說明 ▶

STEP 1 •••••••••••••••••••••••••••••••••

先利用18根5個豆豆長十字軸排列成由9個小三角形組合成的大三角形，如**圖5-2**所示。

STEP 2 •••••••••••••••••••••••••••••••••

試試看，如何移動其中的6根十字軸，讓原本的大三角形圖案變成6個菱形的圖案。

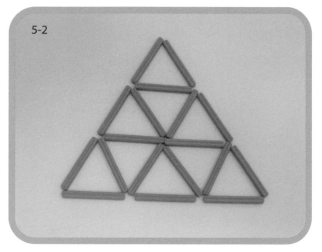

5-2

我的創意 ▶

06 移動方位

好玩指數 ▶

★★★★★ 適合1人遊戲

挑戰任務 ▶

一個由圓磚組合成箭頭朝左的三角形，在只能移動3個圓磚的情況下，讓箭頭由朝左轉為朝右。

準備道具 ▶

6-1

×10

・圓磚10個（或以2×2磚塊代替）

（如圖**6-1**所示）

STEP 1 • • • • • • • • • • • • •

先把10個圓磚排列成如**圖6-2**箭頭朝左的三角形。

6-2

STEP 2 • • • • • • • • • • • • •

想想看，如何在只能移動3個圓磚的情況下，把箭頭移成朝右，形成如**圖6-3**所示的三角形圖案。

6-3

邏輯篇

07 井字排列

好玩指數 ▶

★★★★★　適合1人遊戲

挑戰任務 ▶

在井字中排列1-9數字磚塊，使直線、橫線、斜線加總皆相同。

準備道具 ▶

7-1

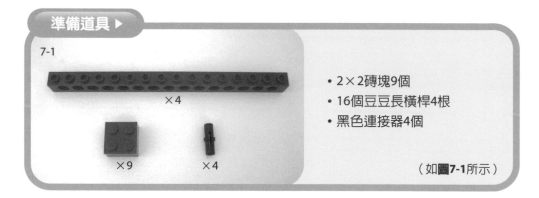

×4

×9　　×4

- 2×2磚塊9個
- 16個豆豆長橫桿4根
- 黑色連接器4個

（如圖7-1所示）

遊戲說明 ▶

STEP 1 ·············

拿起16個豆豆長橫桿4根，透過4個
黑色連接器組合成一個「井」字，
如圖7-2所示。

7-2

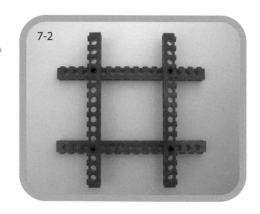

STEP 2 ●

在紙上寫下1-9共9個數字，把數字剪下並黏貼於2×2的磚塊上，如圖**7-3**所示。

STEP 3 ●

試著把標有1-9數字的9個磚塊排列於「井」字的9個空格內，讓所有直線、橫線、斜線3個阿拉伯數字加總的和皆相同。每一排加總的數目又是多少呢？

7-3

我的創意 ▶

08 重建旅館

好玩指數 ▶

★★★★★　適合1人遊戲

挑戰任務 ▶

有一間旅館，原本由13根木頭組合成六間面積大小相同的房間，其中有1根木頭已經腐朽，你是否能幫旅館的老闆想一想，要如何重組剩餘的12根木頭，讓旅館同樣擁有六間面積大小相同的房間呢？

準備道具 ▶

8-1

×1　　×12　　×6

・8個豆豆長橫桿13根
・樂高小人偶6個

（如圖**8-1**所示）

STEP 1 ●

圖8-2代表由13根木頭組合出六間面積大小相同的房間，因為最左邊的木頭腐朽，所以僅存12根木頭。

STEP 2 ●

想想看，是否能重組這剩餘的12根木頭，並新建出六間面積大小相同的房間呢？

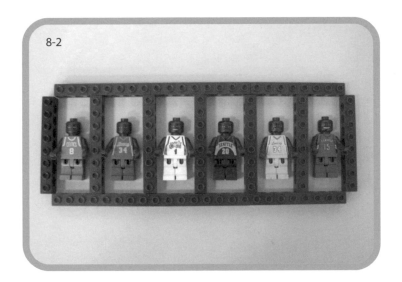

8-2

邏輯篇

09 加減乘除

★★★★★　適合1人遊戲

挑戰任務 ▶

要如何只移動1根積木，而讓用積木排列成的錯誤算式變成正確？

準備道具 ▶

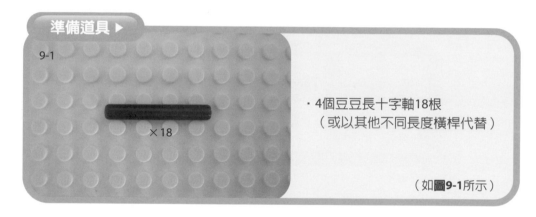

9-1

×18

· 4個豆豆長十字軸18根
（或以其他不同長度橫桿代替）

（如圖9-1所示）

遊戲說明 ▶

STEP 1 ·············

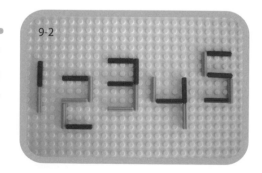

9-2

利用積木排列數字0-9有很多種方式，**圖9-2**與**圖9-3**為其中最常見的排列方式，全部使用3個豆豆長十字軸。

STEP 2 • • • • • • • • • • • • • •

接著拿出18根4個豆豆長十字軸,排列出「11＋5＝2」的算式,如圖**9-4**所示。

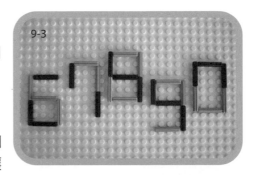

9-3

STEP 3 • • • • • • • • • • • • • •

仔細瞧瞧此算式並不正確,想想看,如何僅移動其中的1根十字軸,就可以讓此算式能夠真正成立。

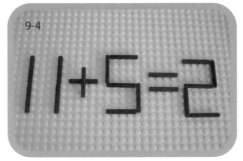

9-4

STEP 4 • • • • • • • • • • • • • •

如果順利解出正確答案後,接著也可繼續接受挑戰難度更高的題目。用積木排列出下列錯誤算式,試著移動積木,並找出正確解答。

邏輯篇

題目1 **1＋8－8－1＝9**
請移動1根積木,讓算式可以成立。

題目2 **5＋15＝4－16**
請移動1根積木,讓算式可以成立。

我的創意 ▶

⑩ 拆成兩邊

★★★★★ 適合1人遊戲

挑戰任務 ▶

棉線兩端分別繫住橫桿，設法讓橫桿與棉線完全分離。

準備道具 ▶

10-1

• 2個豆豆長橫桿10根
　（紅色與藍色各5根）
• 80公分長棉線1條

（如圖**10-1**所示）

遊戲說明 ▶

STEP 1 ● ● ● ● ● ● ● ● ● ● ●

先拿起10根2個豆豆長橫桿，依紅與
藍顏色區分成兩邊，分別把5個相疊
在一起，形成紅與藍2個塔狀積木，
如圖**10-2**所示。

10-2

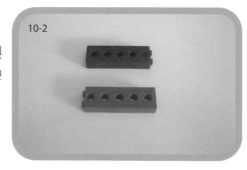

STEP 2

拿起80公分長的棉線,把它對摺成40公分的棉線,接著依下列四個步驟繞住積木塔:

步驟1> 拉起棉線對摺處,由上往下先穿越藍塔右邊第1個孔洞之後,再由中間的孔洞中繞出,如**圖10-3**所示。

步驟2> 拉起棉線另一端,先繞進棉線對摺處圓圈中,再由上往下從藍塔最左方的孔洞中繞出,如**圖10-4**所示。

步驟3> 在藍塔與紅塔中間預留約10公分線長,接著把剩餘棉線由下往上穿越紅塔右邊第1個孔洞,再繞入最左邊的孔洞中,如**圖10-5**所示。

步驟4> 最後從紅塔中間孔洞中拉出棉線,並分開棉線頭兩端打結,如**圖10-6**所示。把剩餘線頭剪斷,完成如**圖10-7**所示的型態。

STEP 3

在不拆開打結處的情況下,請試著把棉線與紅塔、藍塔分開成**圖10-8**所示的型態。

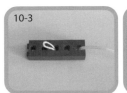
10-3

10-4

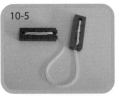
10-5

10-6

10-7

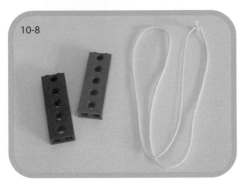
10-8

⑪ 魔術椅

好玩指數 ▶

★★★★★　適合1人遊戲

挑戰任務 ▶

用手移動2根十字軸，就能順利扶正四腳朝天的椅子。

準備道具 ▶

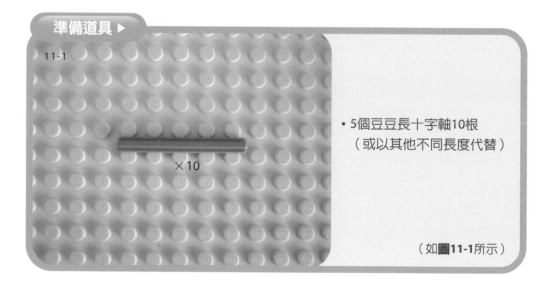

11-1

×10

• 5個豆豆長十字軸10根
（或以其他不同長度代替）

（如**圖11-1**所示）

遊戲說明 ▶

STEP 1 •

先拿起10根5個豆豆長十字軸，排列成**圖11-2**所示的椅子圖形，仔細觀察圖中的椅子呈現四腳朝天。

STEP 2 •••••••••••••••••••••••••••••••

想想看，是否可以在只移動2根十字軸的情況下，扶正四腳朝天的椅子呢？

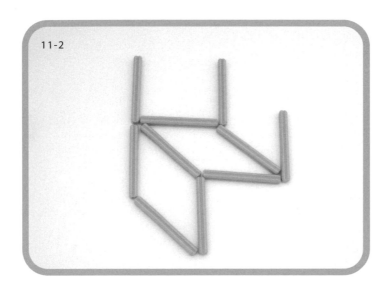

11-2

我的創意 ▶

041

12 熱帶魚

好玩指數 ▶

★★★★★　適合1人遊戲

挑戰任務 ▶

移動4根十字軸，把魚頭的方向由右轉向左。

準備道具 ▶

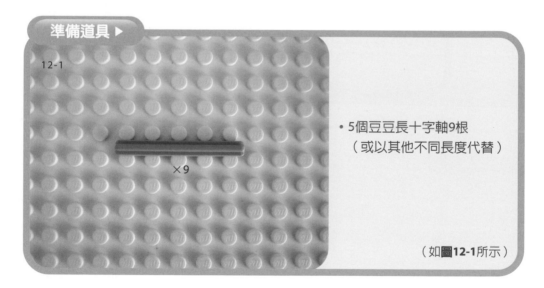

12-1

×9

• 5個豆豆長十字軸9根
（或以其他不同長度代替）

（如圖**12-1**所示）

遊戲說明 ▶

STEP 1 ••••••••••••••••••••••••••••••

利用9根5個豆豆長十字軸排列成魚頭朝右的一條熱帶魚，如**圖3-2**所示。

STEP 2 ·

想想看，如何在只能移動4根十字軸的情況下，讓魚頭由向右改成向左？

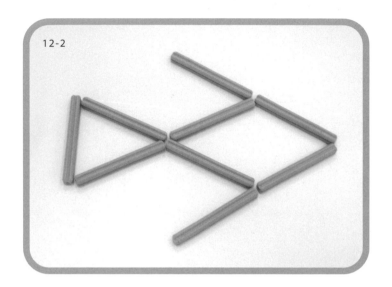

12-2

我的創意 ▶

13 文字遊戲

好玩指數 ▶

★★★★★ 適合1人遊戲

挑戰任務 ▶

移動3根十字軸，把原本排列的「目」字型變更為其他文字字型。

準備道具 ▶

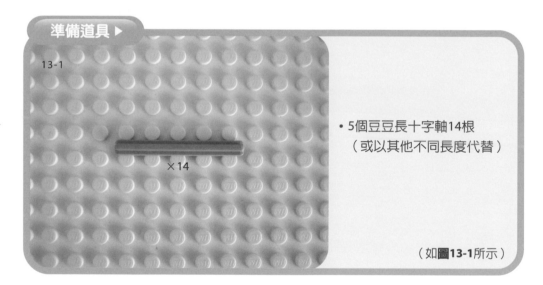

13-1

×14

• 5個豆豆長十字軸14根
（或以其他不同長度代替）

（如圖**13-1**所示）

遊戲說明 ▶

STEP 1 ●

利用14根5個豆豆長十字軸排列出「目」字型，如圖**13-2**所示。

試試看，在只能移動3根十字軸的情況下，設法把「目」字型變更為其他中文的文字字型。

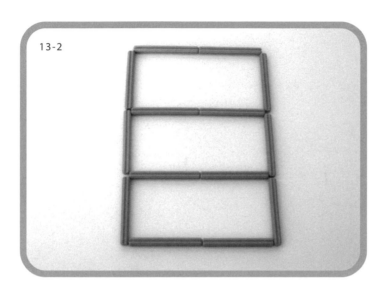

13-2

我的創意 ▶

邏輯篇

益智篇 14~25

14 排字遊戲

好玩指數 ▶

★★★★★ 適合1人、2人、多人遊戲

挑戰任務 ▶

利用固定數量的積木排列出以英文字母「L」開頭的英文單字。

準備道具 ▶

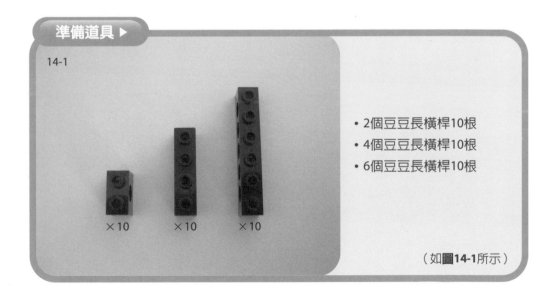

14-1

×10 　　×10 　　×10

- 2個豆豆長橫桿10根
- 4個豆豆長橫桿10根
- 6個豆豆長橫桿10根

（如**圖14-1**所示）

動動腦,拿出準備好的橫桿排列出以英文字母「L」開頭的英文單字。在10分鐘內,總共可以排列出幾個單字呢?**圖14-2**為其中的一個範例。此外,多人可以相互競賽,看誰可以排列出最多的英文單字喔!

14-2

益智篇

15 塞車時間

好玩指數 ▶

★★★★★ 適合1人遊戲

挑戰任務 ▶

上下班時間經常塞車，陷入塞車陣中往往動彈不得，試試看能否讓綠色愛車在短時間內離開車陣，擺脫塞車惡夢。

準備道具 ▶

15-1

- 2×2磚塊7個
  （顏色可自行選擇，方便區別即可）
- 2×4磚塊5個
- 2×6磚塊1個
- 2×8磚塊6個

（如圖**15-1**所示）

遊戲說明 ▶

STEP 1 · · · · · · · · · · · · ·

先拿起6個2×8磚塊把它們兩兩疊在一起，形成2組2×12與1組2×10的2層磚塊，再拿起2×4的磚塊放置在2×6磚塊的下方，呈現如圖**15-2**的4組雙層磚塊。

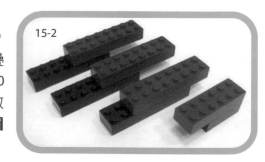
15-2

STEP 2 ·················

再以2×10、2×6磚塊當長，2組2×12磚塊當寬，組合出如**圖15-3**所示的結構。

STEP 3 ·················

接著拿起3個2×2磚塊與1個2×4磚塊，分別把**圖15-3**結構缺口的部分補滿，完成如**圖15-4**的長方形結構。

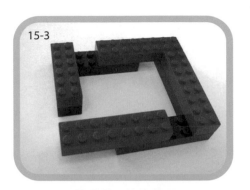

15-3

STEP 4 ·················

把3個2×4磚塊（綠色為愛車，非綠色代表其他車輛）與4個2×2磚塊（代表其他車輛）放置於長方形結構中，排列成**圖15-5**的形狀，每次僅能移動長方形結構中的任一磚塊。

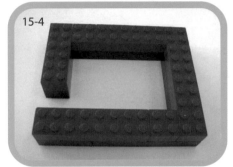

15-4

STEP 5 ·················

想一想，到底最少需要移動幾次磚塊，就能順利讓綠色愛車衝破突圍，移出洞口？

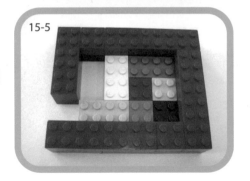

15-5

我的創意 ▶

16 井字遊戲

好玩指數 ▶

★★★★★ 適合2人遊戲

挑戰任務 ▶

二人一起挑戰，在井字中最先把三個相同積木連成一線者獲勝，直線、
橫線、斜線皆可。

準備道具 ▶

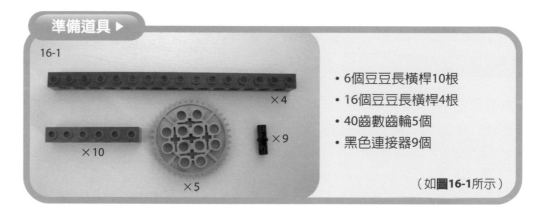

16-1

- 6個豆豆長橫桿10根
- 16個豆豆長橫桿4根
- 40齒數齒輪5個
- 黑色連接器9個

×4
×10
×5
×9

（如**圖16-1**所示）

遊戲說明 ▶

STEP 1 · · · · · · · · · · · · · ·

先拿出4根16個豆豆長橫桿，透過4個黑
色連接器組合成一個「井」字型，如圖
16-2所示。

16-2

STEP 2 · · · · · · · · · · · · · · · ·

以5個40齒數齒輪當作「○」，再拿出
10根6個豆豆長橫桿，兩兩一組，透過
黑色連接器分別製作出5組「╳」，
「○」、「╳」形狀如圖16-3所示。

16-3

STEP 3 · · · · · · · · · · · · · · · ·

二人一起比賽，猜拳決定選擇「○」、
「╳」的擁有權與先後順序。

在井字中，二人先後放置「○」、「╳」，先連成一直線者即獲勝，如圖
16-4所示為「○」連成一直線的範例之一。

16-4

益智篇

我的創意 ▶

053

17 補破牆

好玩指數▶

★★★★★　適合1人遊戲

挑戰任務▶

樂高小學的牆壁破了一個大洞，請算一算這面牆壁到底少了幾個磚塊？

準備道具▶

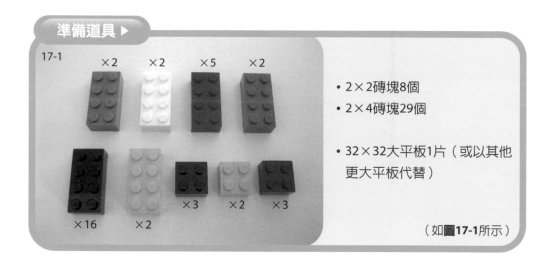

17-1

×2　　×2　　×5　　×2

×16　　×2　　×3　　×2　　×3

- 2×2磚塊8個
- 2×4磚塊29個

- 32×32大平板1片（或以其他更大平板代替）

（如圖**17-1**所示）

STEP 1 ●

先用2×2與2×4磚塊建構出一面有破洞的牆壁，如**圖17-2**所示。

STEP 2 ●

請動動腦，算一算這面牆壁究竟要補上多少磚塊，才能回復原來完整的面貌？

17-2

益智篇

我的創意 ▶

18 命運輪盤

好玩指數 ▶

★★★★★ 適合2人、多人遊戲

挑戰任務 ▶

動手轉動輪盤，藍色平板箭頭指向者必須接受懲罰。

準備道具 ▶

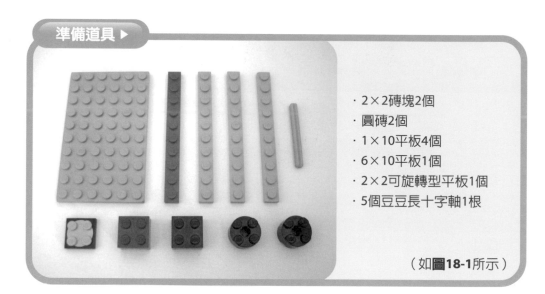

· 2×2磚塊2個
· 圓磚2個
· 1×10平板4個
· 6×10平板1個
· 2×2可旋轉型平板1個
· 5個豆豆長十字軸1根

（如**圖18-1**所示）

STEP 1 · · · · · · · · · · · · · ·

先拿起2×2可旋轉型平板放置在6×10平板中央,然後把2個2×2磚塊疊至上方。接著拿起3個1×10的灰色平板與1個1×10的藍色平板,如**圖18-2**所示,依序放置在磚塊上,排列成放射狀圖形。

18-2

STEP 2 · · · · · · · · · · · · · ·

在放射狀平板的中心疊上2個圓磚,最後把5個豆豆長十字軸放入圓磚中,即完成一個簡單積木輪盤,如**圖18-3**所示。

18-3

STEP 3 · · · · · · · · · · · · · ·

本遊戲可多人同時一起玩,所有人員圍著輪盤坐正,輪流由每一人轉動輪盤,當藍色平板箭頭指向某人時,此人即必須接受懲罰(例如:罰請其他人吃糖果……等,只要所有人事先約定好即可)。

益智篇

19 抽籤

好玩指數 ▶

★ ★ ★ ★ ★ 適合2人、多人遊戲

挑戰任務 ▶

每人輪流抽籤，抽中籤中最短者則必須接受處罰。

準備道具 ▶

19-1

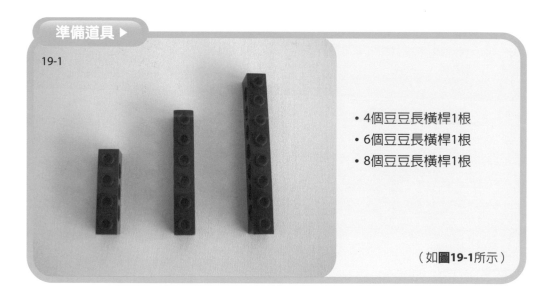

- 4個豆豆長橫桿1根
- 6個豆豆長橫桿1根
- 8個豆豆長橫桿1根

（如圖**19-1**所示）

STEP 1 ●

先拿出8個豆豆、6個豆豆、4個豆豆長橫桿各1根,由其中一人握在手掌中,
如圖**19-2**所示。每人輪流抽拿握在手中的橫桿,拿到橫桿最短者則必須接受
處罰。

STEP 2 ●

此遊戲進行前可先訂好處罰項目。若多人同時進行遊戲,則橫桿可設定1根
為最短,其他橫桿長度皆相同。本遊戲亦可以十字軸或平板代替。

19-2

益智篇

我的創意 ▶

⑳ 俄羅斯方塊

好玩指數 ▶

★★★★★　適合1人遊戲

挑戰任務 ▶

把12組積木方塊全數排列在黑框內，且必須與黑框完全契合，不得留空格或凸出界線。

準備道具 ▶

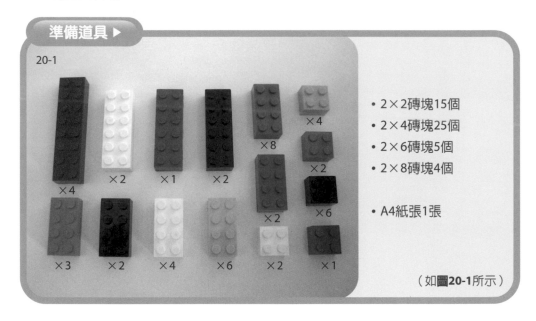

20-1

×4　　×2　　×1　　×2　　×8　　×4

×3　　×2　　×4　　×6　　×2　　×2　　×6　　×1

- 2×2磚塊15個
- 2×4磚塊25個
- 2×6磚塊5個
- 2×8磚塊4個

- A4紙張1張

（如圖**20-1**所示）

STEP 1 ••

先按照下列七個步驟組合出共12組俄羅斯方塊。

步驟1> 把4個2×8磚塊兩兩疊在一起,形
成如**圖20-2**所示的2組長條方塊。

長條方塊

步驟2> 拿出8個2×4磚塊,把其中4個
2×4磚塊兩兩疊成L型,接著把2
個L型積木組合在一起,形成如**圖**
20-3所示的正方形方塊。依照上
述做法,利用剩餘的4個2×4磚塊
,再做出另外1組相同結構,亦即
共有2組正方形方塊。

步驟3> 把1個2×4磚塊疊在2×6磚塊的上
方,形成「T」字型,接著拿出3
個2×2磚塊,分別疊在有凹槽的
部分,完成如**圖20-4**所示的T型方
塊。依照上述做法再做出同樣的1
組結構,亦即共有2組T型方塊。

正方形方塊

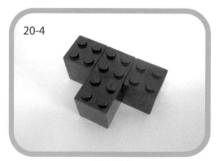

T型方塊

益智篇

步驟4> 拿出3個2×4磚塊相疊成「ㄣ」字型，再把2個2×2磚塊疊在下凹處，完成如圖**20-5**所示的「ㄣ」型方塊，比照相同做法再做出一組「ㄣ」型方塊。

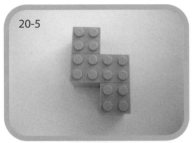

20-5

ㄣ型方塊

步驟5> 把3個2×4磚塊疊成「Z」字型，再把2個2×2磚塊疊在下凹處，完成一組「Z」型方塊，如圖**20-6**所示。

20-6

Z型方塊

步驟6> 拿出1個2×6磚塊與1個2×4磚塊交叉相疊成「г」型，接著把1個2×2磚塊與1個2×4磚塊疊在凹槽處，完成1個「г」型方塊，如圖**20-7**所示。利用同樣積木數量再做出一組相同「г」型方塊。

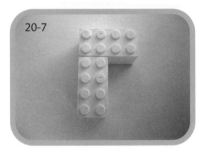

20-7

г型方塊

步驟7> 把1個2×6磚塊與1個2×4磚塊交叉相疊成「L」型，再拿出1個2×2磚塊與1個2×4磚塊疊在下凹處，完成一個「L」型方塊，如圖**20-8**所示。

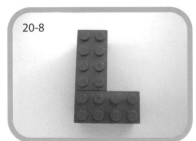

20-8

L型方塊

STEP 2 ●●●●●●●●●●●●●●●●●●●●●●●●●●●●●●●●

依照上述步驟完成共12組積木方塊，其中包括長條方塊與正方形方塊、T型方塊、「ㄣ」型方塊、「「」型方塊各2組，以及「Z」型方塊、「L」型方塊各1組，合計總共12組俄羅斯方塊。

STEP 3 ●●●●●●●●●●●●●●●●●●●●●●●●●●●●●●●●

在一張A4紙上畫出一個寬約9.7公分，長約13公分的黑框。如**圖20-9**所示，試試看，把位於黑框外的12組積木組合全部排列至黑框內，且必須與黑框完全契合，不能有任何方塊超出黑框外面。

20-9

我的創意 ▶

21 轉動齒輪

好玩指數 ▶

★★★★★ 適合1人遊戲

挑戰任務 ▶

正確擺放小齒輪的位置，讓所有齒輪能夠同時轉動。

準備道具 ▶

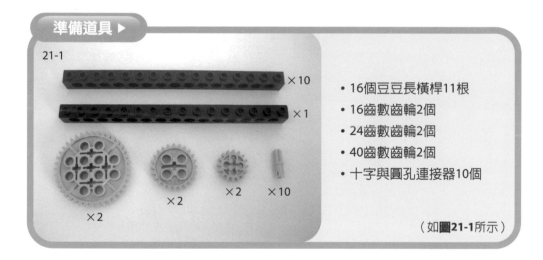

21-1

×10

×1

×2

×2

×2

×10

- 16個豆豆長橫桿11根
- 16齒數齒輪2個
- 24齒數齒輪2個
- 40齒數齒輪2個
- 十字與圓孔連接器10個

（如圖21-1所示）

STEP 1 • • • • • • • • • • • • • • •

拿起11根16個豆豆長橫桿，把他們上下
相疊，形成如圖**21-2**所示的圖形。

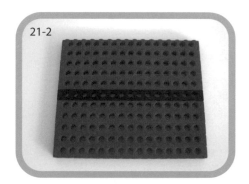

21-2

STEP 2 • • • • • • • • • • • • • •

接著拿出2個40齒數齒輪，分別各接上
1個十字與圓孔連接器後，把其中1個40
齒數齒輪放置在第3根橫桿從左邊數來
第3個孔洞中，另1個40齒數齒輪則放置
在第7根橫桿從右邊數第3個孔洞中，最
後把其餘8個十字與圓孔連接器排列在
如圖**21-3**所示的位置。

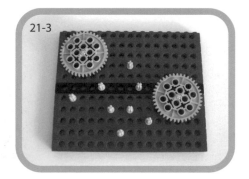

21-3

STEP 3 • • • • • • • • • • • • • • •

拿出2個24齒數齒輪與2個16齒數齒輪，
挑戰看看，應該如何擺放此4個齒輪，
才能使全部齒輪皆能同時轉動。亦即當
用手推動第1個40齒數齒輪時，透過齒
輪與齒輪間的連接旋轉，使另1個40齒
數齒輪也能轉動。

22 眼力大考驗

好玩指數 ▶

★★★★★ 適合2人、多人遊戲

挑戰任務 ▶

在不停移動位置的長方形盒子中，找出黃色圓磚的正確位置。

準備道具 ▶

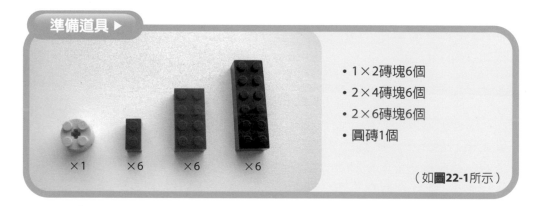

- 1×2磚塊6個
- 2×4磚塊6個
- 2×6磚塊6個
- 圓磚1個

×1　×6　×6　×6

（如圖**22-1**所示）

遊戲說明 ▶

STEP 1 ·············

把2個2×6磚塊平行並列在一起，再
把2個2×4磚塊疊在2×6磚塊上方左
右兩側，最後疊上2個1×2磚塊，使
中心圍成一個正方形缺口，完成如
圖**22-2**所示的長方形盒子。

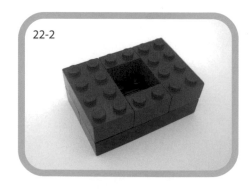

22-2

STEP 2 •••••••••••••••

比照相同做法，利用其餘磚塊再做出2組相同結構，亦即共有3組長方形盒子。最後把圓磚放置在其中一個長方形盒子的中心，如圖**22-3**所示。

22-3

STEP 3 •••••••••••••••

二人以上一起進行遊戲，其中一人當莊，其餘皆為挑戰者，莊家先把3組長方形盒子平行並列放置在一起，待挑戰者記住圓磚所在的位置後，莊家分別把3組長方形盒子翻轉至背面，如圖**22-4**所示，並用雙手開始順時針或逆時針變換3組長方形盒子的位置。此時挑戰者必須集中注意力，仔細觀察圓磚所在長方形盒子的位置，旋轉約20秒之後（旋轉完後，長方形盒子的形狀仍為圖22-4所示），挑戰者必須猜出圓磚的正確位置，猜錯則必須重新開始遊戲，猜對答案者可選擇換人當莊或者繼續挑戰。

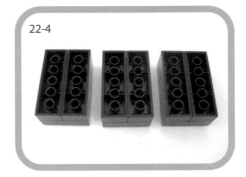

22-4

益智篇

我的創意 ▶

㉓ 記憶力大考驗

好玩指數 ▶

★★★★★ 適合2人、多人遊戲

挑戰任務 ▶

20秒內記住排列在平板上各種積木的名稱、顏色與位置，並回答對方提問的問題。

準備道具 ▶

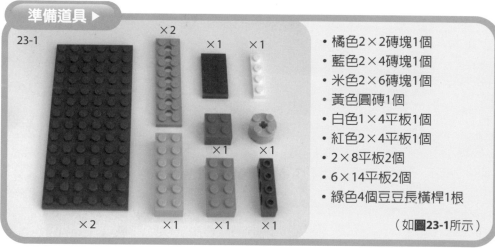

23-1

×2   ×1   ×1

×2   ×1   ×1   ×1

• 橘色2×2磚塊1個
• 藍色2×4磚塊1個
• 米色2×6磚塊1個
• 黃色圓磚1個
• 白色1×4平板1個
• 紅色2×4平板1個
• 2×8平板2個
• 6×14平板2個
• 綠色4個豆豆長橫桿1根

（如**圖23-1**所示）

◎除了6×14平板與2×8平板外，其餘7個積木的顏色與大小可依個人喜好隨意變換。

遊戲說明 ▶

STEP 1 ••••••••••

透過2個2×8平板把2個6×14的平板固定在一起，如**圖23-2**所示。

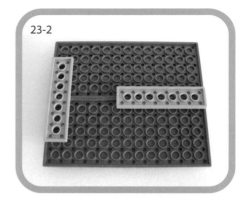
23-2

STEP 2 · · · · · · · · · · · · · · ·

接著拿出1×4平板、2×4平板、2×2磚塊、2×4磚塊、2×6磚塊與圓磚各1個，以及4個豆豆長橫桿1根，共7個積木（必須7種不同顏色），亂序排列在大平板上，如圖**23-3**所示為其中的一種範例。

STEP 3 · · · · · · · · · · · · · · ·

23-3

此遊戲必須二人以上同時進行，首先挑戰者必須在20秒內記住大平板上所有各種積木的名稱、位置與顏色，記憶完成後把大平板翻至背面，並由出題者提問三個問題，問題必須與積木的名稱、顏色或位置有關，例如：

問題1：藍色積木的名稱是什麼？（答案為2×4磚塊）
問題2：圓磚是什麼顏色？（答案為黃色）
問題3：2×6磚塊右邊的積木名稱是什麼？（答案為2×2磚塊）

STEP 4 ·

倘若挑戰者三個問題皆回答正確，則可以選擇當出題者提問問題（另外再準備7個名稱、大小、顏色不同的積木亂序排列在平板上），或者繼續挑戰不同的題目。

我的創意 ▶

24 連線九宮格

好玩指數▶

★★★★★ 適合1人遊戲

挑戰任務▶

移動九宮格內的三種不同顏色磚塊，讓三種不同顏色的磚塊同時連成一線，直線或橫線皆可。

準備道具▶

24-1

- 2×2磚塊10個（其中黃色、藍色各3個，黑色4個）
- 2×4磚塊1個
- 2×6磚塊1個
- 2×8磚塊6個

（如**圖24-1**所示）

遊戲說明▶

STEP 1 ●●●●●●●●●●●●●●●●●●●●●●●●●●●●●●●

先把6個2×8磚塊如**圖24-2**方式兩兩疊起，再把此3組疊在一起的磚塊排列成如**圖24-3**所示的ㄇ字型。

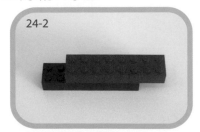

24-2

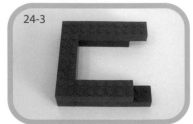

24-3

STEP 2 ● ● ● ● ● ● ● ● ● ● ● ● ● ● ●

拿起2×6磚塊疊在2×4磚塊的上方（如**圖24-4**），並與ㄇ字型結合，最後把1個黑色2×2磚塊放置在下方缺口處，即完成1個有2×2洞口的方形結構，如**圖24-5**所示。

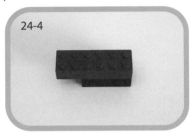

24-4

24-5

STEP 3 ● ● ● ● ● ● ● ● ● ● ● ● ●

把9個2×2磚塊（黃色、藍色、黑色各3個）亂序排列於九宮格中，再任意拿起其中1個2×2磚塊，把它擺置九宮格外，如**圖24-6**所示。

24-6

STEP 4 ● ● ● ● ● ● ● ● ● ● ● ● ●

試試看，移動九宮格內剩餘的8個磚塊，讓相同顏色的磚塊同時連成一線，直線或橫線皆可，最後再把擺在九宮格外的2×2磚塊放回九宮格中。**圖24-7**所示即為3種顏色磚塊已同時連成直線的範例之一。

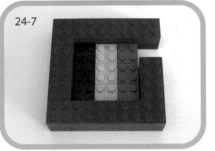

24-7

我的創意 ▶

25 波浪鼓

★★★★★ 適合1人遊戲

挑戰任務 ▶

利用積木做出一個會發出聲響的波浪鼓。

準備道具 ▶

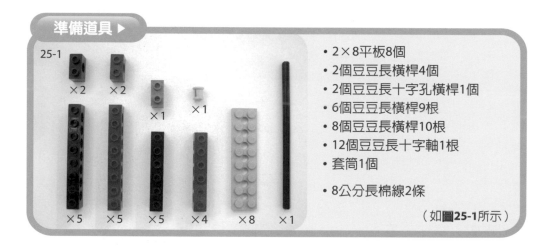

25-1

×2 ×2 ×1 ×1

×5 ×5 ×5 ×4 ×8 ×1

• 2×8平板8個
• 2個豆豆長橫桿4個
• 2個豆豆長十字孔橫桿1個
• 6個豆豆長橫桿9根
• 8個豆豆長橫桿10根
• 12個豆豆長十字軸1根
• 套筒1個
• 8公分長棉線2條

（如圖25-1所示）

遊戲說明 ▶

STEP 1 ··

以4個2×8平板當作底部，拿起8個豆豆長橫桿4根與6個豆豆長橫桿4根，
分別疊至平板外圍的第1、2層，如圖25-2所示。

25-2

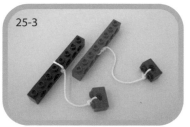
25-3

STEP 2 ·····················

拿起8個豆豆長與2個豆豆長橫桿各1根，把1條8公分長棉線一端綁至8個豆豆長橫桿中，另一端則繫在2個豆豆長橫桿上，另1條棉線做法亦同，如圖**25-3**所示。接著把綁上棉線的2根8個豆豆長橫桿與1根6個豆豆長橫桿分別疊在第3層上。

25-4

STEP 3 ·····················

利用套筒把12個豆豆長十字軸固定在2個豆豆長十字孔橫桿後，與另外2根2個豆豆長橫桿分別疊在第3層，如**圖25-4**所示。

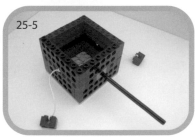
25-5

STEP 4 ·····················

再拿出4根8個豆豆長橫桿與4根6個豆豆長橫桿，如**圖25-5**所示，依序疊在第4層與第5層。

STEP 5 ·····················

疊上4個2×8平板，完成如**圖25-6**的波浪鼓。

25-6

STEP 6 ·····················

拿起波浪鼓，用手不停左右旋轉十字軸，仔細觀察波浪鼓是否會發出什麼奇特的聲響呢？

我的創意 ▶

技巧篇 26~37

26 七彩陀螺

好玩指數 ▶

★★★★★ 適合1人遊戲

挑戰任務 ▶

轉動由線、齒輪與不同顏色橫桿結合的積木陀螺，究竟可以出現多燦爛奪目的色彩圖案呢？

準備道具 ▶

26-1

- 6個豆豆長橫桿4根（紅色2根，藍色、黃色各1根）
- 40齒數綠色齒輪1個
- 黑色連接器8個

- 80公分長的棉線1條

（如**圖26-1**所示）

遊戲說明 ▶

STEP 1 • • • • • • • • • • • • •

拿起80公分棉線1條，把棉線的兩端分別穿過齒輪的圓洞，再把棉線兩端繫成小結，如**圖26-2**所示。

26-2

STEP 2 ● ● ● ● ● ● ● ● ● ● ● ● ● ●

把紅色與藍色橫桿透過4個黑色連接器固定於齒輪的一面,如**圖26-3**所示。

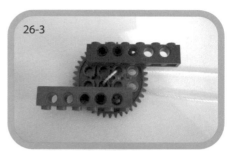
26-3

STEP 3 ● ● ● ● ● ● ● ● ● ● ● ● ● ●

再拿起黃色及紅色橫桿透過4個黑色連接器,固定於齒輪的另外一面,如**圖26-4**所示。

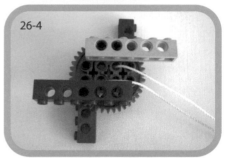
26-4

STEP 4 ● ● ● ● ● ● ● ● ● ● ● ● ● ●

兩手拉起線的兩端,把齒輪移至線中央,開始如跳繩動作般的順時針或逆時針旋轉棉線,旋轉大約20圈後,雙手快速向身體外側方向拉緊兩端棉線,隨即慢慢放鬆棉線。重覆拉緊與放鬆的動作,讓陀螺持續快速旋轉,如**圖26-5**所示。仔細觀察齒輪的變化,是否發現齒輪上橫桿的顏色產生了神奇的變化呢?到底是維持原色,還是產生不同的顏色呢?

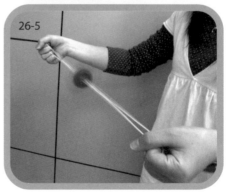
26-5

我的創意 ▶

27 骨牌遊戲

好玩指數 ▶

★★★★★ 適合1人、2人、多人遊戲

挑戰任務 ▶

利用磚塊排列出指定骨牌，並在骨牌中放入T型旋轉桿，讓骨牌順利全倒。

準備道具 ▶

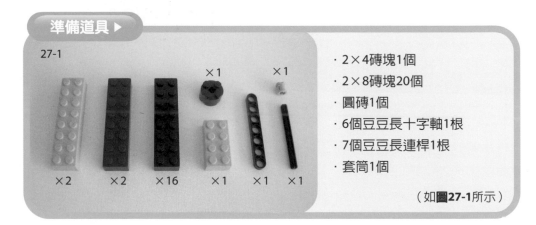

27-1

×1　×1

×2　×2　×16　×1　×1　×1

· 2×4磚塊1個
· 2×8磚塊20個
· 圓磚1個
· 6個豆豆長十字軸1根
· 7個豆豆長連桿1根
· 套筒1個

（如圖**27-1**所示）

遊戲說明 ▶

27-2

STEP 1 • • • • • • • • • • • • • • •

把圓磚放置在2×4磚塊上，再拿起6個豆豆長十字軸插入圓磚的孔洞中，最後接上套筒與7個豆豆長連桿1根，做成一個T型旋轉桿，如圖**27-2**所示。

STEP 2

把20個2×8磚塊等距立起排列，並把T型旋轉桿插入排列的磚塊之間，形成如圖**27-3**所示的骨牌圖形。

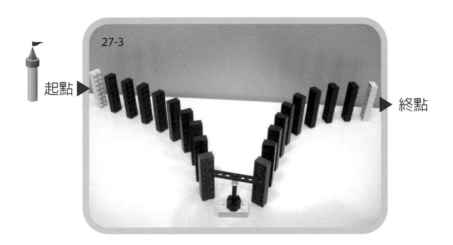

27-3

起點▶　　　　　　　　　　　　　　　　　　　　　　▶終點

STEP 3

試著推動第1個磚塊，讓它能順利向前傾倒，並透過旋轉桿，成功讓所有的骨牌全倒！

我的創意▶

079

28 打彈珠

好玩指數 ▶

★★★★★ 適合1人遊戲

挑戰任務 ▶

適當地控制角度連桿，阻擋彈珠掉出彈珠台外。

準備道具 ▶

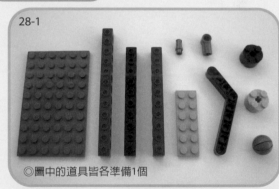

28-1

◎圖中的道具皆各準備1個

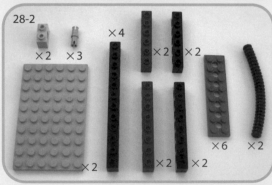

28-2

×2　×3　　×4

×2　×2

×6　×2

×2　　×2　×2

- 圓磚2個
- 2×6平板1個
- 2×8平板6個
- 6×10平板3個
- 2個豆豆長橫桿2根
- 6個豆豆長橫桿4根
- 8個豆豆長橫桿4根
- 10個豆豆長橫桿2根
- 12個豆豆長橫桿5根
- 4×6角度連桿1個
- 灰色連接器3個
- 鬆配合圓孔連接器1個
- 圓孔與十字軸型角度軸
  連結器1個
- 黑色軟管2根（或以一般
  吸管代替）
- 樂高小藍球1顆（或以彈
  珠代替）

（如圖**28-1**、圖**28-2**所示）

STEP 1 ·················

拿起3個6×10平板與1個2×6平板，透過6個2×8平板把它們組合成1個12×16的大平板，並在大平板反面上方疊上3根12個豆豆長橫桿，如圖**28-3**、圖**28-4**所示。

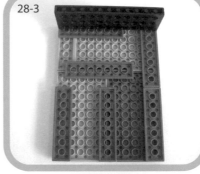

彈珠台背面

STEP 2 ·················

把2根10個豆豆長橫桿上下相疊後，再疊至大平板正面最上方，接著把2根12個豆豆長橫桿相疊，放置在從大平板右邊數來第5排豆豆的位置。拿起8個豆豆長與6個豆豆長橫桿各4根，彼此兩兩相疊後，置於大平板左右兩側，完成如圖**28-5**所示的圖形。

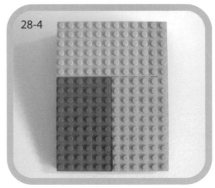

彈珠台正面

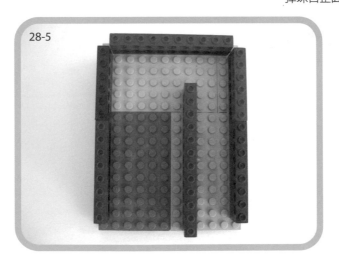

技巧篇

STEP 3 ･････････････

透過1個灰色連接器把2根黑色軟管連結成
1條長條軟管後，在長條軟管的兩端各接
上灰色連接器與2個豆豆長橫桿，完成如
圖28-6所示的結構。

28-6

STEP 4 ･････････････

拿出1個圓孔與十字軸型角度軸連結器，
把它放置在大平板上（從大平板左邊數第
2排最下方豆豆的位置），透過1個鬆配合
圓孔連接器把4×6角度連桿固定在特殊軸
連接器上。最後把**圖28-6**的組合與2個圓
磚排列在大平板上，完成如**圖28-7**所示的
彈珠台。

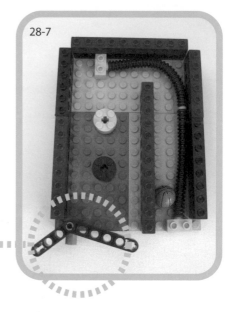

28-7

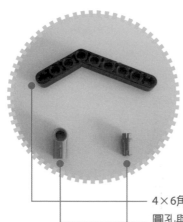

4×6角度連桿
圓孔與十字軸型角度軸連結器
鬆配合圓孔連接器

STEP 5 ●●●●●●●●●●●●●●●●●●●●●●●●●●●●

試試看，把小籃球放置在黑色軟管旁的凹槽內，利用右手手指彈射小籃球，設法把球彈至左邊區域後，左手隨即控制4×6角度連桿，阻擋籃球掉出彈珠台，讓籃球在左邊區域上上下下碰撞，不可讓籃球掉出彈珠台，若籃球掉出界則必須重新開始進行遊戲（如**圖28-8**所示）。

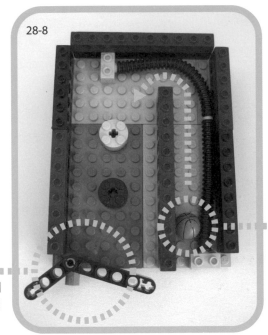

28-8

1.右手手指彈射籃球，設法把籃球彈射至左邊區域。

2.左手手指隨即控制連桿，阻擋籃球出界。

我的創意 ▶

29 戰鬥陀螺

好玩指數 ▶

★★★★★ 適合1人、2人、多人遊戲

挑戰任務 ▶

製作一個彈力陀螺，陀螺旋轉愈久者即獲勝。

準備道具 ▶

29-2

- ·12個豆豆長橫桿1根
- ·6個豆豆長十字軸1根
- ·24齒數齒輪1個
- ·40齒數齒輪1個
- ·方向盤型滑輪1個
- ·黑色連接器1個
- ·橡皮筋×1條

（如**圖29-1**所示）

遊戲說明 ▶

STEP 1 ············

把40齒數齒輪、方向盤型滑輪與24齒數齒輪依序疊在6個豆豆長十字軸上，即完成一個簡易的積木陀螺，如**圖29-2**所示。

29-2

STEP 2

接著拿出1個黑色連接器，把它放置在12個豆豆長橫桿左側第1個孔洞中，最後在黑色連接器上套上1條橡皮筋，如**圖29-3**所示。

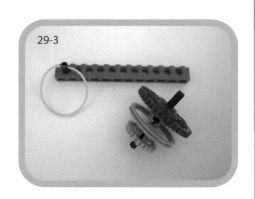

29-3

STEP 3

試試看，把陀螺上方的十字軸由下往上套入12個豆豆長橫桿最右側的孔洞中，並用左手按住齒輪與橫桿，接著伸出右手把下方橡皮筋往上繞住40齒數齒輪（如**圖29-4**所示），利用左手手指把齒輪逆時針旋轉約30度至180度，最後把按住齒輪的左手手指放開，觀察一下陀螺是否掉到地面上，並且開始旋轉了呢？

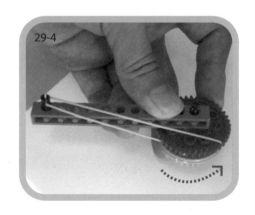

29-4

STEP 4

本遊戲可二人以上同時進行，彈力陀螺旋轉時間越長者即獲得勝利。比比看，誰的陀螺可以旋轉比較久？

我的創意 ▶

30 五子棋

好玩指數▶

★★★★★ 適合2人遊戲

挑戰任務▶

雙方利用積木做成的棋盤上進行五子棋比賽,任何一方先讓自己的5個棋子連成一線者即獲勝。

準備道具▶

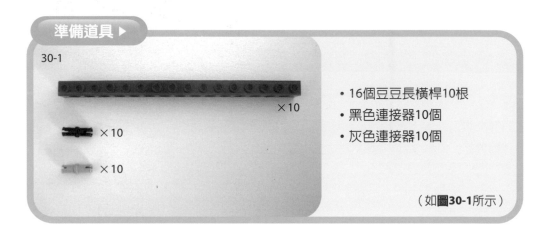

30-1

×10

×10

×10

• 16個豆豆長橫桿10根
• 黑色連接器10個
• 灰色連接器10個

(如圖**30-1**所示)

遊戲說明▶

STEP 1 ·····················

先把10根16個豆豆長橫桿依序疊在一起,並讓它橫躺在桌面上,即完成1個獨特的積木棋盤。

STEP 2 ‥‥‥‥‥‥‥‥‥‥‥‥‥‥‥‥‥‥

五子棋適合二人一起玩,亦可分為二隊一起競賽。雙方各拿出10個連接器當作棋子(雙方的連接器必須為不同顏色,藉以方便清楚區別敵我),先後把手上的棋子放置在棋盤上。只要任何一隊先讓自己的同色5個棋子連成一線者(直線、橫線、斜線皆可),就取得最後勝利。**圖30-2**為黑色棋子連成一斜線的範例。

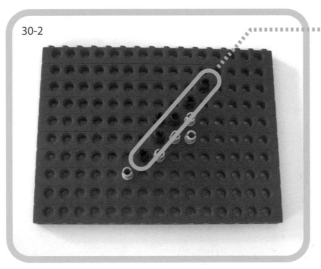

30-2

黑色棋子率先成功連成一線,獲得勝利。

我的創意 ▶

31 安全降落

好玩指數 ▶

★★★★★ 適合1人、2人、多人遊戲

挑戰任務 ▶

準確拋甩棉線，讓輪子順利落至T型盒中。

準備道具 ▶

31-1

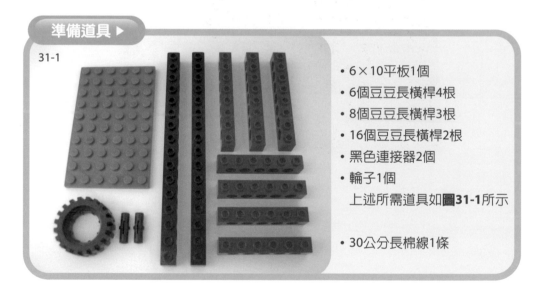

- 6×10平板1個
- 6個豆豆長橫桿4根
- 8個豆豆長橫桿3根
- 16個豆豆長橫桿2根
- 黑色連接器2個
- 輪子1個
  上述所需道具如**圖31-1**所示

- 30公分長棉線1條

STEP 1 ●●●●●●●●●●●●●●●●●

拿起2根6個豆豆長橫桿與1根8個豆豆長
橫桿,把它們疊至6×10平板外圍,排
列成ㄇ字型,接著透過黑色連接器把2
根16個豆豆長橫桿並列,並固定於6×
10平板上。

31-2

STEP 2 ●●●●●●●●●●●●●●●●

把棉線一端繫於8個豆豆長橫桿中間,
另一端則綁在輪子上。拿起剩餘的8個
豆豆長橫桿與6個豆豆長橫桿疊至ㄇ字
形上方,即完成一個T型盒子結構,如
圖31-2所示。

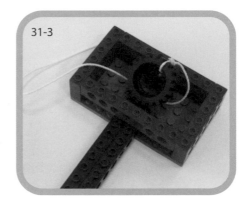
31-3

STEP 3 ●●●●●●●●●●●●●●●●

試著用手向上拋甩棉線,把輪子向上提
起,並讓輪子安全落入T型盒凹洞中,
如**圖31-3**所示。比比看,看誰能以最短
時間或是最少次數完成任務?

我的創意 ▶

㉜ 手足球

好玩指數▶

★★★★★ 適合2人遊戲

挑戰任務▶

利用雙手控制十字軸上的球員，設法讓球射進己方的得分球門。

準備道具▶

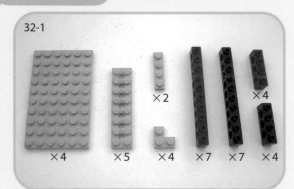

32-1

×4　×5　×2　×7　×7　×4

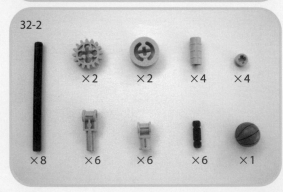

32-2

×8　×2　×2　×4　×4

×6　×6　×6　×1

- 1×4平板2個
- 2×8平板5個
- 6×10平板4個
- 直角型平板4個
- 4個豆豆長橫桿8根
  （紅色與黑色各4根）
- 10個豆豆長橫桿14根
  （紅色與黑色各7根）
- 8個豆豆長十字軸8根
- 16齒數齒輪2個
- 黃色滑輪2個
- 軸連結器4個
- 雙十字T型軸連結器6個
- T型連接軸6個
- 十字連接器6個
- 小套筒4個
- 樂高小籃球1顆

（如圖**32-1**、**32-2**所示）

STEP 1 ••••••••••••••••••••••••••••••••••••••

透過5個2×8平板把4個6×10平板組合成如**圖32-3**、**圖32-4**所示的12×20大平板。

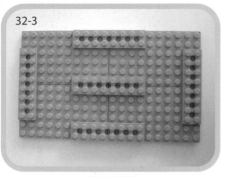

32-3

球台背面

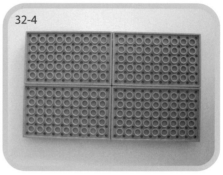

32-4

球台正面

STEP 2 ••••••••••••••••••••••••••••••••••••••

拿出14根10個豆豆長橫桿（紅色與黑色各7根）、8根4個豆豆長橫桿（紅色與黑色各4根）與1×4平板2個，組合成如**圖32-5**所示的4組結構，再透過4個直角型平板，分別把4組結構固定於12×20大平板，如**圖32-6**所示。

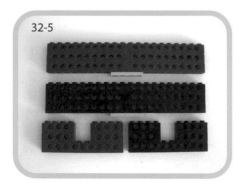

32-5

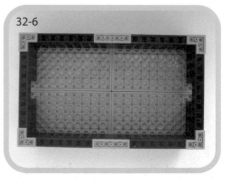

32-6

STEP 3 • • • • • • • • • • • • •

接著依下列步驟做出手足球台內部結構。

步驟1> 拿出8根8個豆豆長十字軸，其中2根套上16齒數齒輪，另外2根則分別套上黃色滑輪，其餘4根各套上1個小套筒。接著把它們分別穿越左右兩邊橫桿的孔洞中（裝有齒輪的十字軸分別穿越紅色橫桿孔洞間，另外2根十字軸與之相對應；裝有滑輪的十字軸分別穿越黑色橫桿孔洞間，另外2根十字軸與之相對應），如圖**32-7**至圖**32-9**所示。

步驟2> 在裝有16齒數齒輪的十字軸與相對應的十字軸上，平均套入3個T型連接軸，另外一對十字軸做法亦相同。

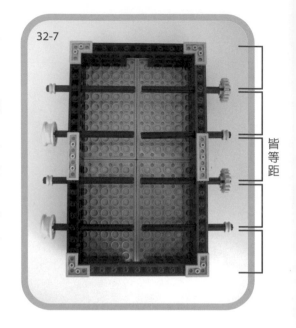

32-7

皆等距

32-8

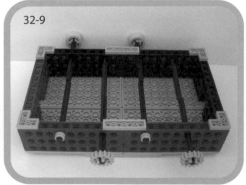

32-9

步驟3> 把6個雙十字T型軸連結器與6個十字連接器相互組合後，分別平均套入裝有滑輪的十字軸與相對應的十字軸上。接著，透過4個軸連結器把彼此對應的十字軸連接起來，完成如**圖32-10**所示的手足球台。

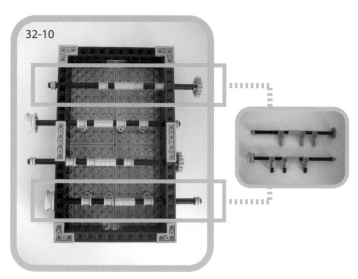

32-10

STEP 4 ･ ･ ･ ･ ･ ･ ･ ･ ･ ･ ･ ･ ･

本遊戲可二人同時競賽，先把小籃球放置在手足球台中間，一人控制裝有16齒數齒輪的2根十字軸，另一人則控制裝有滑輪的另2根十字軸。控制齒輪的人必須設法把籃球推往紅色橫桿的洞口，控制滑輪者必須設法把籃球推至黑色橫桿洞口，雙方必須想辦法阻擋對手攻擊，先讓籃球掉出己方進攻洞口者即獲得勝利，如**圖32-11**所示。

控制齒輪者，必須設法讓籃球從紅色橫桿洞口掉出。

控制滑輪者，必須設法讓籃球從黑色橫桿洞口掉出。

32-11

33 飛碟球

好玩指數 ▶

★★★★★ 適合2人遊戲

挑戰任務 ▶

二人進行推球比賽，在5分鐘內，進球數較多者即獲勝。

準備道具 ▶

33-1

· 2×4磚塊4個
· 2×8磚塊4個
· 6×14平板2個
· 40齒數齒輪1個
　上述所需道具如圖**33-1**所示

· 25公分×25公分木板4塊
· 100公分長木板2塊

遊戲說明 ▶

STEP 1 · · · · · · · · · · · · · ·

必須先做出1台推進器。在6×14平板中間堆放2個2×8磚塊，其上方再放2個2×4磚塊，如圖**33-2**所示。依上述步驟再做出1組相同結構，亦即共有2組推進器。

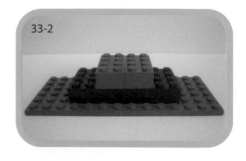

33-2

STEP 2 ·············

選擇一片光滑地板布置比賽場地，利用4塊25公分×25公分木板圍成寬60公分（中間需留10公分為射門口），再以2塊100公分長木板為長方形左右兩側外框，如**圖33-3**所示。

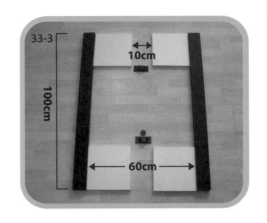

STEP 3 ·············

二人各蹲在球門口外側，手持推進器，猜拳決定攻擊順序，贏者可以先開始推射40齒數齒輪，另一人必須擋住40齒數齒輪避免被射進球門。當掌控到40齒數齒輪時，再開始攻擊對方球門，射進1球即得1分。當自己球門被射中時，即是下一輪的開球攻擊方。

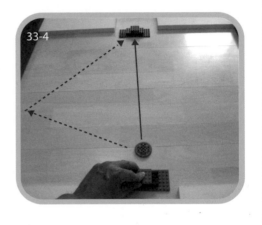

STEP 4 ·············

攻擊方除了直線射球外，亦可把球發射至邊框，嘗試以不同角度的反射來攻擊，如**圖33-4**所示。

STEP 5 ·············

5分鐘後統計各自的得分，以進球數多者獲勝。

> 我的創意 ▶

34 套圈圈

挑戰任務 ▶

利用橡皮筋套住不同分數的磚塊，每人只有5次拋射機會，5次分數加總最高分者獲得勝利。

準備道具 ▶

34-1

◎圖中的道具皆各準備1個

34-2

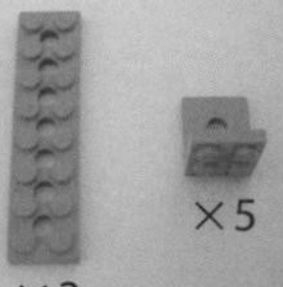

×3　×5

- 2×2磚塊1個
- 2×4磚塊2個
- 2×6磚塊1個
- 2×8磚塊1個
- 2×8平板3個
- 6×14平板2個
- 2×2L型平板5個
  上述所需道具如**圖34-1**、
  34-2所示

- 橡皮筋5條

STEP 1 ●

利用3個2×8平板把2個6×14平板固定住，如圖**34-3**所示。

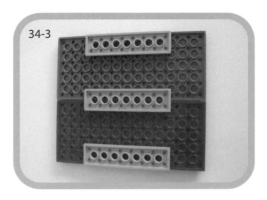

34-3

STEP 2 ●

透過5個2×2L型平板把5個大小不同磚塊固定在平板上，完成如圖**34-4**、圖**34-5**所示的結構。

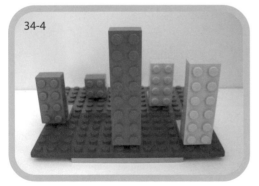

34-4

正面圖

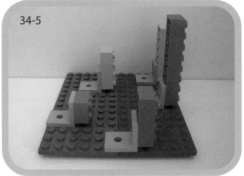

34-5

側面圖

技巧篇

STEP 3 ●●●●●●●●●●●●●●●●●●●●●●●●●●●●●●●●

本遊戲為積分競賽，可二人以上同時進行。遊戲開始時，身體與平板距離約1公尺，每人輪流用手拋射橡皮筋，設法讓橡皮筋套中磚塊，每個磚塊各代表高低不同的分數，分別是2×2磚塊5分、2×4磚塊3分、2×6磚塊2分、2×8磚塊1分（如**圖34-6**）。每人共有5次拋射橡皮筋的機會，最後把5次拋射所得的分數相加，分數加總最高分者獲得勝利。

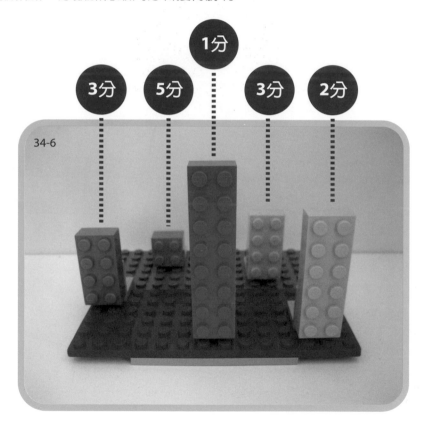

34-6

STEP 4 ••••••••••••••••••••••••••••••••••••

特別注意，若橡皮筋並未套中任何磚塊，而是落在磚塊外的任何區域，或者橡皮筋只套中一半的磚塊（如**圖34-7**），則單次分數為0外，且仍算用掉1次拋射機會。

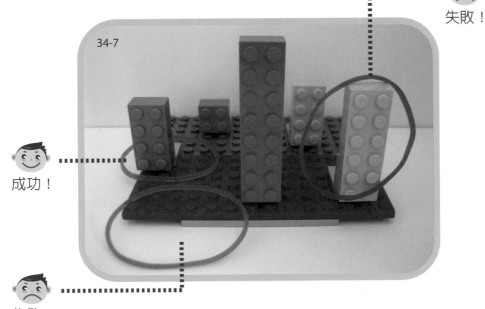

34-7

失敗！

成功！

失敗！

我的創意 ▶

35 疊疊樂

好玩指數 ▶

★★★★★ 適合2人、多人遊戲

挑戰任務 ▶

多人輪流由下而上堆疊磚塊，磚塊堆疊的方式不限（直立、橫躺或側立皆可），最先把磚塊弄倒塌者必須接受處罰。

準備道具 ▶

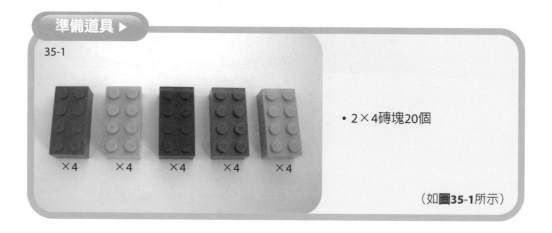

35-1

×4　　×4　　×4　　×4　　×4

• 2×4磚塊20個

（如圖**35-1**所示）

遊戲說明 ▶

STEP 1 • • • • • • • • • • • • • • • • •

此遊戲可多人同時進行，猜拳決定堆疊積木的先後順序，並訂出處罰項目。

STEP 2 ••

遊戲開始時，第一人先拿起1個2×4磚塊，並決定它擺放的方式與位置（磚塊擺放的方式可為直立、橫躺或側立等），接著第二人同樣拿起1個2×4磚塊，並把磚塊疊在第一人的磚塊上，磚塊的形狀同樣依照個人喜好擺放，如**圖35-2**、**圖35-3**所示。

35-2

35-3

35-4

依此類推，如**圖35-4**所示，磚塊一直往上堆疊延伸，當某人把磚塊放上之後，導致堆疊的磚塊掉至桌面或地面上（1個磚塊或多個磚塊），則遊戲結束，此人必須依約接受處罰。

我的創意 ▶

36 彈指神功

好玩指數 ▶

★★★★★ 適合2人、多人遊戲

挑戰任務 ▶

利用手指彈射磚塊，遊戲中包含各種障礙物阻擋磚塊前進，先讓己方磚塊抵達終點線者獲勝。

準備道具 ▶

36-1

- 2×2磚塊2個（紅、藍色各1個，或以其他2種不同顏色代替）
- 2×4磚塊8個
- 2×8磚塊4個
- 6×14平板2個
- 大輪子2個
  上述所需道具如**圖36-1**、**圖36-2**所示

36-2

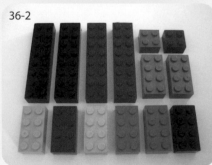

- 40公分長紅色膠帶1條
- 40公分長黃色膠帶1條
- 50公分長黑色膠帶2條
- 100公分長黑色膠帶2條

STEP 1 · · · · · · · · · · · ·

以2條100公分長黑色膠帶當長，另外2條50公分長黑色膠帶當寬，先圍出1個長方形黑框，再把40公分長的紅色膠帶與黃色膠帶分別黏貼至黑框內上下兩處，如**圖36-3**所示。

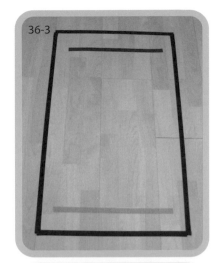

36-3

STEP 2 · · · · · · · · · · · ·

拿出2個2×8磚塊，前後夾住1個6×14平板（如**圖36-4**）另外1個6×14平板做法亦同。

STEP 3 · · · · · · · · · · · ·

以黃色膠帶當起始線，紅色膠帶當終點線，把**圖36-4**中的2個平板與8個2×4磚塊以及2個大輪子等障礙物，全部亂序放置在起始線與終點線之間。

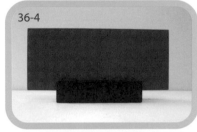

36-4

STEP 4 · · · · · · · · · · · ·

本遊戲可二人以上一起競賽，輪流進行彈射任務。比賽者分別持1個2×2磚塊，先把磚塊放置於起始線上，如**圖36-5**所示，遊戲開始時，利用手指彈射己方的2×2磚塊，遊戲過程中會遇到各種障礙物，阻擋磚塊前進的路，試著閃躲或越過障礙物，並成功讓己方的2×2磚塊以最少彈射次數順利通過終點線，先抵達終點者獲勝。

36-5
終點線
起始線

STEP 5 · · · · · · · · · · · ·

特別注意，遊戲進行時，2×2磚塊可以碰觸到障礙物，若2×2磚塊彈射至黑框外，必須退回起始線重新開始。

技巧篇

37 曲棍球

好玩指數 ▶

★★★★★ 適合2人遊戲

挑戰任務 ▶

利用十字軸控制球的方向，設法把球推進欲攻擊的球門中。

準備道具 ▶

37-1

◎圖中的道具皆各準備1個

37-2

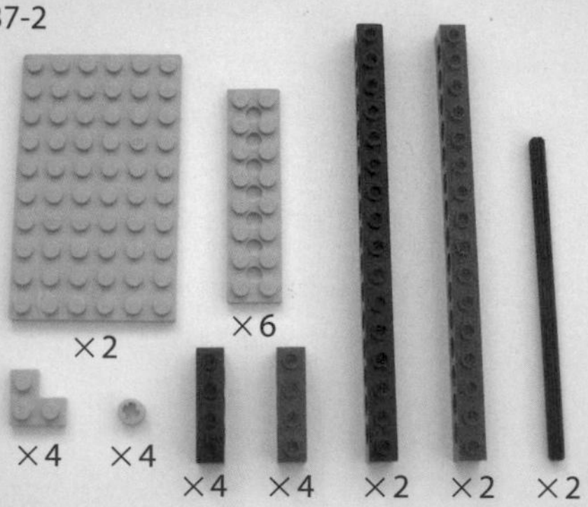

×2   ×6

×4   ×4

×4   ×4   ×2   ×2   ×2

- 2×6平板1個
- 2×8平板6個
- 6×10平板3個
- 直角型平板4個
- 2個豆豆長橫桿2根
  （紅色與黑色各1根）
- 4個豆豆長橫桿8根
  （紅色與黑色各4根）
- 16個豆豆長橫桿4根
  （紅色與黑色各2根）
- 12個豆豆長十字軸2根
- 小套筒4個
- 圓瓦1個

（如圖**37-1**、圖**37-2**所示）

STEP 1 ●●●●●●●●●●●●●●●●●●●●●●●●●

拿起3個6×10平板與1個2×6平板，透過6個2×8平板，把它們組合成1個
12×16的大平板，如**圖37-3**、**圖37-4**所示。

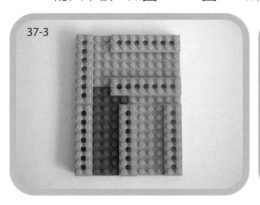

37-3

37-4

STEP 2 ●●●●●●●●●●●●●●●●●●●●●●●●●

拿出2根12個豆豆長十字軸，分別套上2個豆豆長橫桿1根（紅色與黑色各
1根），以及小套筒2個。再把16個豆豆長橫桿4根（紅色與黑色各2根）與
4個豆豆長橫桿8根（紅色與黑色各4根），分別疊在大平板上，並透過4個
直角型平板固定，完成如**圖37-5**、**圖37-6**所示的球桿與場地。

37-5

37-6

STEP 3 ••••••••••••••••••••••••••••••••••

二人同時競賽,以圓瓦當球,一人手持黑色球桿,另一人則持紅色球桿,雙方必須設法把球推進球門中,手持紅色球桿者必須把球推進紅色球門中(亦即把球推往紅色橫桿洞口),手持黑色球桿者則必須把球推進黑色球門中(亦即把球推往黑色橫桿洞口),如**圖37-7**所示。每進1球即得1分,分數先達到5分者獲得最後勝利。

37-7

手持紅色球桿者,必須設法把球推往紅色橫桿洞口

手持黑色球桿者,必須設法把球推往黑色橫桿洞口

技巧篇

闖關篇 38~50

38 安全地帶

好玩指數 ▶

★★★★★ 適合1人、2人、多人遊戲

挑戰任務 ▶

把車子推至黑線內的安全地帶即算過關。

準備道具 ▶

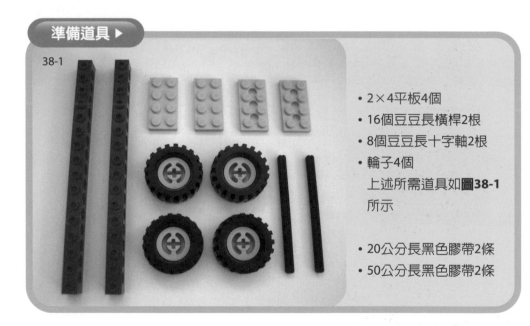

38-1

- 2×4平板4個
- 16個豆豆長橫桿2根
- 8個豆豆長十字軸2根
- 輪子4個
  上述所需道具如**圖38-1**所示

- 20公分長黑色膠帶2條
- 50公分長黑色膠帶2條

STEP 1 · · · · · · · · · · · · · ·

車子的做法有很多種，以下列舉其中
一種。拿出4個2×4平板分別固定於
16個豆豆長橫桿最左與最右側的上下
兩端，拿起2根8個豆豆長十字軸穿越
組合好的橫桿左右第3孔洞之中，並
把4個輪子固定於十字軸兩側，完成
如圖**38-2**中的4輪小車子。

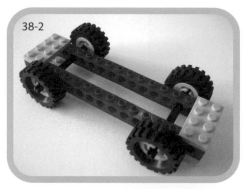
38-2

STEP 2 · · · · · · · · · · · · · ·

把4條黑色膠帶黏貼在長桌或地上，
圍成一個黑框，把4輪小車置於距離此
黑框前方約1.5公尺，如圖**38-3**所示。

STEP 3 · · · · · · · · · · · · · ·

試著大力把車子推至黑框內，且車身
與輪子必須皆在黑框內才算過關，倘
若車身或輪子壓至線上皆為失敗。多
人可以互相競賽，看誰的車子最先安
全抵達黑框內喔！

38-3

關關篇

㊴ 彈弓

★★★★★ 適合1人、2人、多人遊戲

挑戰任務 ▶

利用彈弓發射橫桿，挑戰一下一次最多可打倒幾個磚塊？

準備道具 ▶

39-1

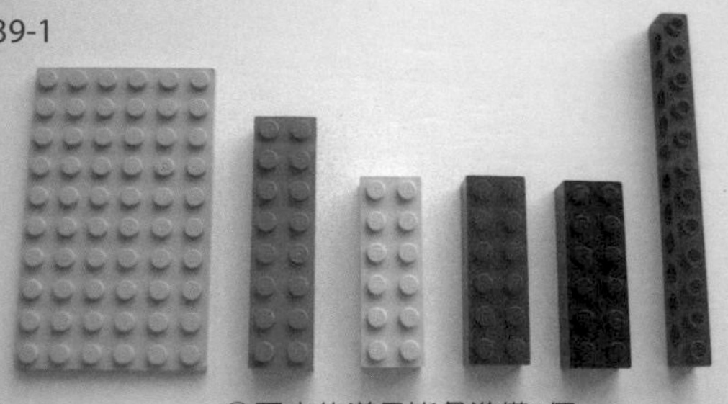

◎圖中的道具皆各準備1個

39-2

×4　×3　×2　×2　×2　×2　×2

• 2×6磚塊3個
• 2×8磚塊10個
• 6×10平板1個
• 6個豆豆長橫桿4根
• 12個豆豆長橫桿1根
• 4個豆豆長平瓦2個
  （平瓦為平板的一種，但
   沒有顆粒）
• 黑色連接器2個
  上述所需道具如**圖39-1**、
  39-2所示

· 橡皮筋1條

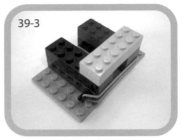
39-3

STEP 1 ··················
先把2個平瓦固定於6×10平板的中間,於平瓦兩邊平行放上6個豆豆長橫桿各2根,然後把2×6磚塊放置在橫桿上方,最後再橫向疊上2×6磚塊1個。

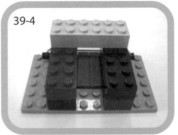
39-4

STEP 2 ··················
把2個黑色連接器固定於橫桿側邊的孔洞中,並在連接器繞上1條橡皮筋,即完成積木彈弓,如圖**39-3**、圖**39-4**所示。

STEP 3 ··················
在距離彈弓約1.5公尺前,直立2×8磚塊10個,排列方式如圖**39-5**所示。

39-5

STEP 4 ··················
把12個豆豆長橫桿放入彈弓的凹槽內,利用手指讓橫桿往後移動,適當繃緊橡皮筋,當手指放開後,橫桿隨即發射出去。

STEP 5 ··················
讓橫桿瞄準準備擊倒的10個磚塊,試試看一次可以打倒幾個磚塊?

我的創意 ▶

闖關篇

㊵ 樹狀迷宮

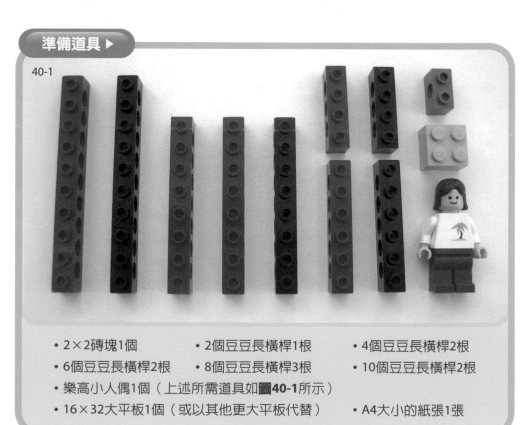

好玩指數 ▶

★★★★★ 適合2人、多人遊戲

挑戰任務 ▶

幫助在森林中迷路的小孩，指引他安全回家的路。

準備道具 ▶

40-1

- 2×2磚塊1個
- 2個豆豆長橫桿1根
- 4個豆豆長橫桿2根
- 6個豆豆長橫桿2根
- 8個豆豆長橫桿3根
- 10個豆豆長橫桿2根
- 樂高小人偶1個（上述所需道具如**圖40-1**所示）
- 16×32大平板1個（或以其他更大平板代替）
- A4大小的紙張1張

STEP 1 ••••••••••••••••••

把橫桿依序排列於大平板上,如圖**40-2**所示,並把小人偶放在大平板的最頂端。

40-2

STEP 2 ••••••••••••••••

二人以上進行遊戲,其中一人拿起一張A4大小的紙張覆蓋在大平板上,如圖**40-3**所示,由上而下慢慢移動紙張,其他挑戰者則必須指引小人偶正確的路,讓他安全走到2×2磚塊處。

STEP 3 •••••••••••••••••

安全回家的路只有一條,當紙張往下移動至出現2根直立橫桿時,就必須暫時停止移動,待挑戰者選擇1根直立橫桿之後,再把紙張往下移動。依此類推,每當遇到2根直立橫桿,就重複此步驟,一直到回到家完成任務為止。

40-3

STEP 4 •••••••••••••••••

特別注意,若小人偶中途走到死胡同(橫桿中斷,沒有再連接其他橫桿),就必須退回出發點,重新再來一次。

我的創意 ▶

闖關篇

④1 翻翻樂

好玩指數 ▶

★★★★★ 適合2人、多人遊戲

挑戰任務 ▶

在只有5次翻錯機會的情況下,正確快速翻轉積木,找出成雙成對相同的積木組合。

準備道具 ▶

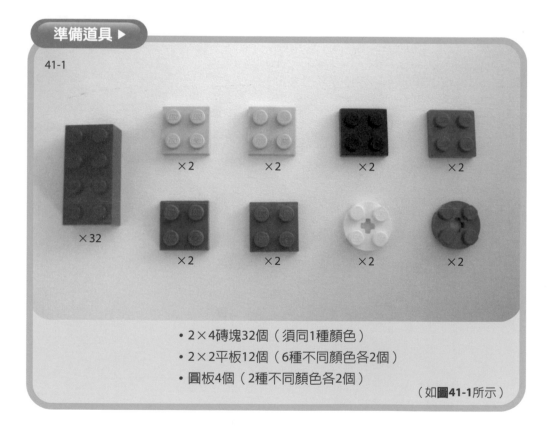

41-1

×32　×2　×2　×2　×2

×2　×2　×2　×2

- 2×4磚塊32個(須同1種顏色)
- 2×2平板12個(6種不同顏色各2個)
- 圓板4個(2種不同顏色各2個)

(如**圖41-1**所示)

STEP 1 ••••••••••••••••••••••••••••••••

拿出1個2×2米色平板與2個2×4磚塊，把2×4磚塊平行並列在一起，再把
2×2米色平板如**圖41-2**所示疊在磚塊上。依照相同做法，利用其餘30個2×4
磚塊、11個平板與4個圓板，另外做出15組積木組合。

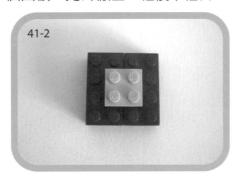

41-2

STEP 2 ••••••••••••••••••••••••••••••••

把完成的16組積木組合亂序排列成4×4矩陣的圖形，如**圖41-3**所示。

41-3

關關篇

STEP 3 •••••••••••••

試試看，在10秒內記住所有積木的顏色與位置，隨後把16組積木全數翻轉至背面，如圖**41-4**所示。挑戰一下，在只有5次翻錯機會的情況下，找出所有成雙成對的相同積木組合。

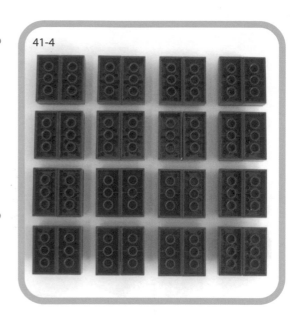

41-4

STEP 4 •••••••••••

特別注意，若翻轉積木過程中，發現並未配對到正確的積木時，必須把翻錯的2組積木重新翻回背面，才能繼續翻轉下1組積木。

STEP 5 •••••••••••

如圖**41-5**所示，為黃色平板已成功配對，可以保留此積木，並繼續翻轉其他磚塊，完成其他剩餘的配對任務。

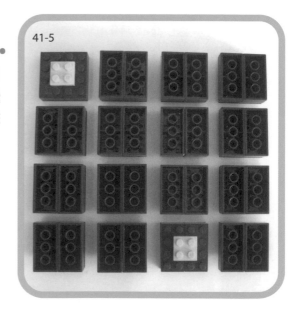

41-5

STEP 6 ●

如圖**41-6**所示，若第1次翻轉的積木為黃色平板，第2次翻轉時卻為藍色平板，表示配對失敗，所以必須把黃色與藍色平板重新翻轉為背面，才能繼續翻動下1個積木。

41-6

第2次翻轉時配對失敗，必須把磚塊重新翻轉回背面。

我的創意 ▶

42 兩軍大戰

好玩指數 ▶

★★★★★ 適合2人、多人遊戲

挑戰任務 ▶

二人競賽，利用投石器發射石頭，先全數打倒對方陣地磚塊（或小人偶）者獲勝。

準備道具 ▶

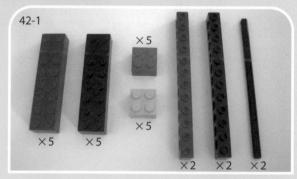

42-1

×5

×5

×5 ×5

×5

×2 ×2 ×2

42-2

×1

×1

×4

×4

×10

×4

- 2×2磚塊10個
- 2×8磚塊（或樂高小人偶）10個
- 1×4平板2個
- 12個豆豆長橫桿4根
- 12個豆豆長十字軸2根
- 灰色連接器4個
- 套筒4個
- 大輪子4個
  上述所需道具如**圖42-1**、**42-2**所示
- 50公分長黑色膠帶2條

STEP 1 •

必須先做出一台投石器，投石器的做法有很多種，以下列舉其中一種。

STEP 2 •

透過2個灰色連接器把2根12個豆豆長橫桿固定住，接著把12個豆豆長的十字軸穿越橫桿側邊的第6個孔洞，再以套筒固定住，兩邊再接上大輪子，最後把1×4平板直立固定於橫桿上，完成如**圖42-3**所示的投石器。依照上述做法，再製作1台投石器，亦即共有2台投石器。

42-3

STEP 3 ••••••••••••••••••••••••••••••••

二人各拿5個2×2磚塊當作石頭，面對面競賽。利用2條50公分長黑色膠帶或以其他物品劃線區隔兩方，兩方距離約50公分。在己方劃線區直立擺放5個2×8磚塊（或樂高小人偶），再以投石器發射石頭（投石器不可超越黑線），如**圖42-4**、**42-5**所示，先打倒對方陣地全數磚塊（或樂高小人偶）者獲勝。

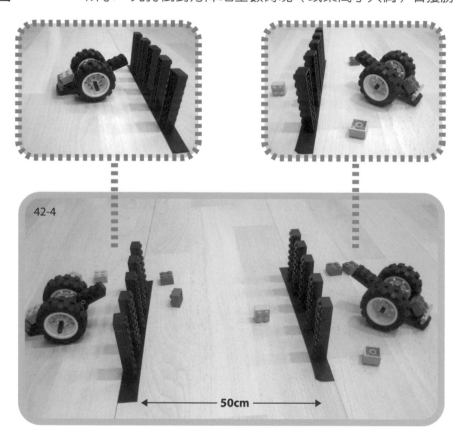

42-4

50cm

STEP 4 ••••••••••••••••••••••••••••••••

比賽進行中，若5個2×2磚塊打完，已沒有石頭可繼續攻擊時，得在不妨礙對方攻擊的情況下，快速撿回最多5個2×2磚塊，回到自己隊伍後繼續執行攻擊任務。

STEP 5 ··

特別注意，若不小心把己方2×8磚塊或小人偶打倒，則視同陣亡。

42-5

50cm

我的創意 ▶

㊸ 累積獎金

好玩指數 ▶

★★★★★ 適合2人、多人遊戲

挑戰任務 ▶

多人競賽，利用投石器發射石頭，5分鐘內累積分數最高者獲勝。

準備道具 ▶

43-1

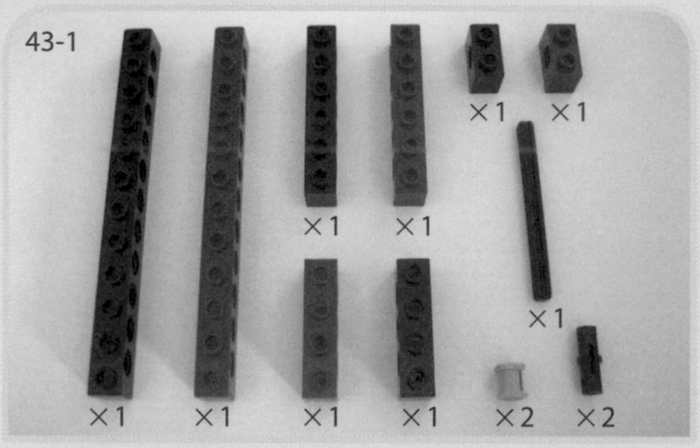

×1　×1

×1

×1　×1

×1　×1　×1　×1　×2　×2

43-2

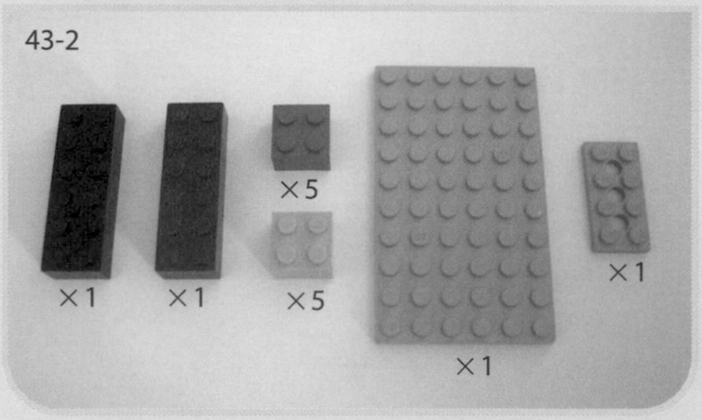

×1　×1　×5

×5

×1

×1

- 2×2磚塊10個
- 2×6磚塊2個
- 2×4平板1個
- 6×10平板1個
- 2個豆豆長橫桿2根
- 4個豆豆長橫桿2根
- 6個豆豆長橫桿2根
- 12個豆豆長橫桿2根
- 6個豆豆長十字軸1根
- 黑色連接器2個
- 套筒2個
- 上述所需道具如**圖43-1**、**43-2**所示

- 有6個以上內格的大盒子1個（可用訂婚喜餅盒，並在盒中標示正負分數）
- 50公分長黑色膠帶2條

STEP 1 ••

必須先做出一台投石器，投石器的做法有很多種，以下列舉其中一種。

STEP 2 ••

拿起2個2×6磚塊放置在6×10平板上，再把2根6個豆豆長橫桿、2根4個豆豆長橫桿、2根2個豆豆長橫桿由下至上疊至磚塊上，如**圖43-3**所示。

STEP 3 ••

透過2個黑色連接器把2根12個豆豆長橫桿固定住，接著拿起6個豆豆長十字軸，分別穿越2個豆豆長橫桿側邊的孔洞與2根12個豆豆長橫桿側邊的孔洞中，再把2個套筒固定於十字軸兩邊，最後把2×4平板直立固定放置在12個豆豆長橫桿上，完成如**圖43-4**所示的投石器。

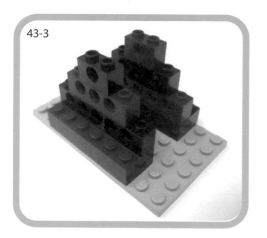

43-3

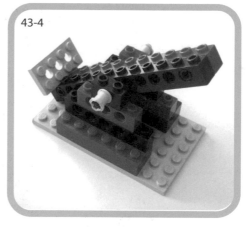

43-4

STEP 4 ••••••••••••••••••••••••••••••••

本遊戲為積分競賽，可多人一起同時進行，先猜拳決定遊戲先後順序。利用
2條50公分長黑色膠帶或以其他物品劃線區隔起始線與終點線，中間距離約
30公分（如**圖43-5**）。在終點線後面放置得分籃，籃中分別有-1、+1、-2、
+2、-3、+3等分數標示（如**圖43-6**）。每人有10次發射石頭（2×2磚塊）的
機會，輪流透過投石器發射石頭，石頭射進得分區塊即為得分。加總各自的
分數，分數最高者獲勝。

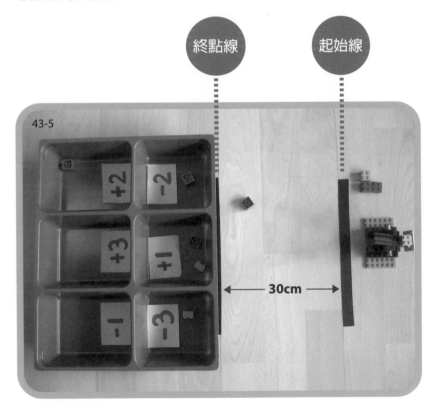

終點線　　起始線

43-5

+2　-2　+3　+1　-1　-3

30cm

43-6

-1 +3 +2

-3 +1 -2

得分籃

我的創意 ▶

44 佔領土地

好玩指數 ▶

★★★★★ 適合2人、多人遊戲

挑戰任務 ▶

二人競賽，利用投石器發射10顆石頭，在紅框內的石頭數比較多者即獲勝。

準備道具 ▶

44-1

◎圖中的道具皆各準備1個

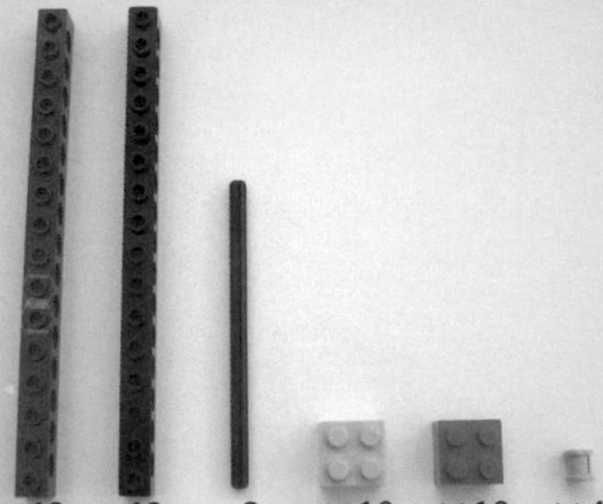

- 2×2磚塊20個（2種不同顏色各10個）
- 2×4磚塊2個
- 6×14平板2個
- 16個豆豆長橫桿24根
- 10個豆豆長十字軸2根
- 套筒4個
  上述所需道具如**圖44-1**、**44-2**所示

- 20公分長紅色膠帶4條
- 50公分長黑色膠帶2條

44-2

×12　×12　×2　×10　×10　×4

STEP 1 ●●●●●●●●●●●●●●●●●●●●●●●●●●●●●●●●●

必須先做出一台投石器,投石器的做法有很多種,以下列舉其中一種。

STEP 2 ●●●●●●●●●●●●●●●●●●●●●●●●●●●●●●●●

拿出8根16個豆豆長橫桿,分別把4根16個豆豆長橫桿上下相疊後放置在6×14平板的左右兩邊,形成如**圖44-3**所示的投石器底座。

STEP 3 ●●●●●●●●●●●●●●●●●●●●●●●●●●●●●●●

拿出4根16個豆豆長橫桿,先排成4×16的長方形,再把2×4磚塊疊放在長方形最末端,此為投石器的發射器。透過10個豆豆長十字軸穿越底座最上層橫桿的第6個孔洞及發射器的第5個孔洞,兩邊以套筒固定,即完成如**圖44-4**的投石器。依照上述做法,再製作出另一組投石器。

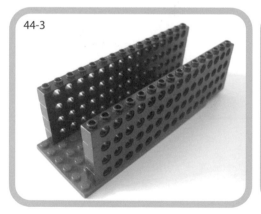

44-3

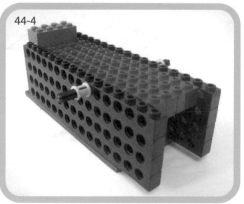

44-4

關關篇

STEP 4 ••••••••••••••••••••••••••••

利用2條50公分長黑色膠帶或以其他物品劃線區隔起始線與終點線（距離約
40公分），再以4條紅色膠帶在終點線後方圍出20公分×20公分的正方形，
如圖**44-5**所示。二人各拿10個2×2磚塊當作石頭（二人的磚塊需不同顏色）
，在起始線後方同時發射石頭，設法把石頭發射至紅框內，一回發射一顆，
共十回。十回後統計二人在紅框內的磚塊數，以磚塊數較多者獲勝。

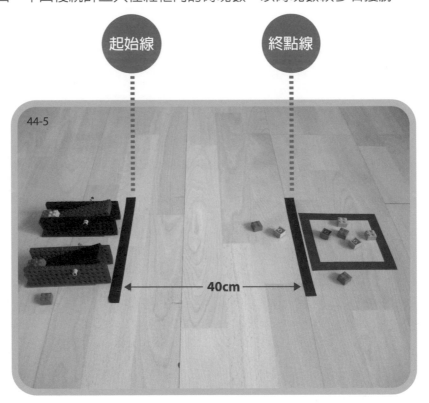

起始線　　　　終點線

44-5

40cm

STEP 5 ••••••••••••••••••••••••••••

特別注意，發射石頭時，亦可以把對方已落在紅框內的磚塊打出框外，減少
對方的得分。

闖關篇

45 百發百中

★★★★★ 適合2人、多人遊戲

挑戰任務 ▶

多人競賽，利用投石器發射5顆石頭，擊落人偶數量多者即獲勝。

準備道具 ▶

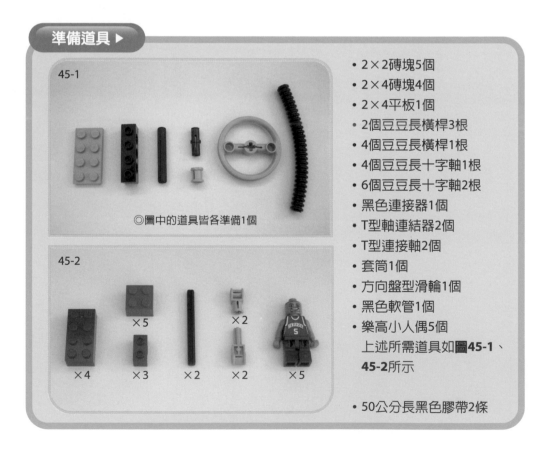

45-1

◎圖中的道具皆各準備1個

45-2

×5 ×2

×4 ×3 ×2 ×2 ×5

- 2×2磚塊5個
- 2×4磚塊4個
- 2×4平板1個
- 2個豆豆長橫桿3根
- 4個豆豆長橫桿1根
- 4個豆豆長十字軸1根
- 6個豆豆長十字軸2根
- 黑色連接器1個
- T型軸連結器2個
- T型連接軸2個
- 套筒1個
- 方向盤型滑輪1個
- 黑色軟管1個
- 樂高小人偶5個
  上述所需道具如**圖45-1**、
  45-2所示

- 50公分長黑色膠帶2條

STEP 1 •••••••••••••••••••••••••••••••••••

必須先做出一台投石器，投石器的做法有很多種，以下列舉其中一種。

STEP 2 •••••••••••••••••••••••••••••••••••

把2個2×4磚塊平行放置在一起，再反向疊上2個2×4磚塊，接著在磚塊左邊上方放上1根4個豆豆長橫桿，右邊上方放上3根2個豆豆長橫桿，如**圖45-3**所示，此為投石器底座。

45-3

俯視圖

STEP 3 •••••••••••••••••••••••••••••••••••

利用2個T型軸連結器連接6個豆豆長十字軸兩端，取其中一端放入1根4個豆豆長十字軸，再把2個T型連接軸套入4個豆豆長十字軸左右邊，最後把黑色軟管兩端套進T型連接軸，形成如**圖45-4**的發射器。

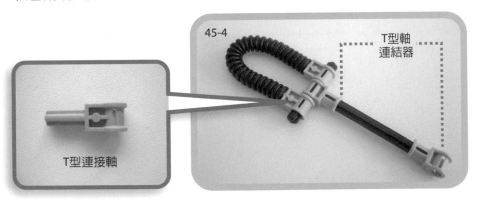

45-4

T型軸
連結器

T型連接軸

關關篇

133

STEP 4 ·············

在圖**45-3**的4個豆豆長橫桿與2個豆
豆長橫桿上疊上1個2×4平板，達
到強化結構的作用。拿出1根6個豆
豆長十字軸依序穿越發射器尾端的
T型軸連結器、套筒1個，接著穿越
投石器底座上方橫桿側邊的孔洞中
，最後以方向盤型滑輪固定此十字
軸（1個黑色連接器可先接在方向
盤型滑輪的圓孔上），即完成如圖
38-5所示的投石器。

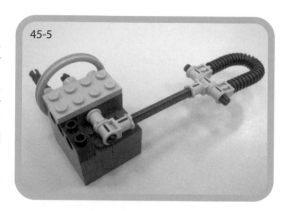

45-5

STEP 5 ···························

利用2條50公分長黑色膠帶或以其他物品劃線區隔起始線與終點線（距離約
50公分），在終點線上放置5個樂高小人偶，如圖**45-6**所示。

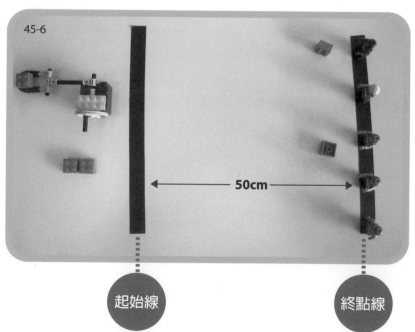

45-6

50cm

起始線　　　　　終點線

STEP 6 · · · · · · · ·

把投石器放置在起始線，以 2×2磚塊當石頭，透過投石器發射石頭，設法擊倒終點線上的小人偶（如**圖45-6**）。挑戰看看，在只能發射5次石頭的情況下，總共可以擊倒幾個小人偶？此遊戲可二人以上同時進行，以命中率最高者（擊中人偶數最多者）獲勝。

45-7

我的創意 ▶

46 攻城掠地

好玩指數 ▶

★★★★★ 適合2人、多人遊戲

挑戰任務 ▶

二人競賽，利用投石器發射石頭，先全數打倒對方的陣地城門及軍隊者即獲勝。

準備道具 ▶

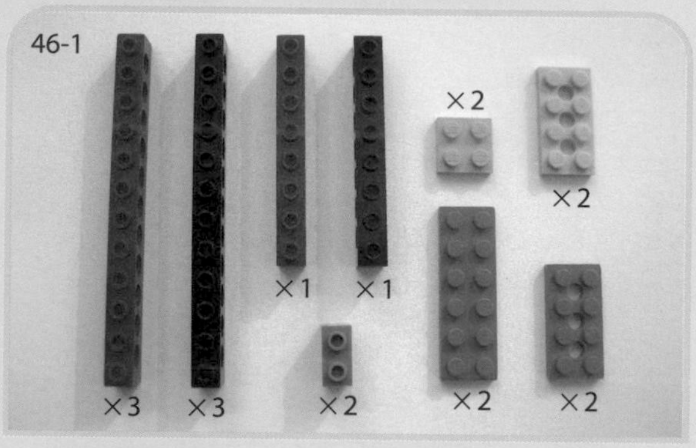

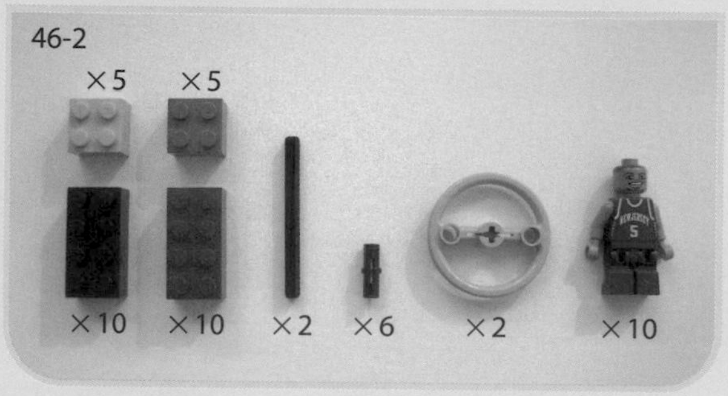

46-1

×2
×2
×1 ×1
×2 ×2 ×2

×3 ×3 ×2

46-2

×5 ×5

×10 ×10 ×2 ×6 ×2 ×10

- 2×2磚塊10個
- 2×4磚塊20個
- 2×2平板2個
- 2×4平板4個
- 2×6平板2個
- 2個豆豆長十字孔橫桿2個
- 8個豆豆長橫桿2根
- 12個豆豆長橫桿6根
- 6個豆豆長十字軸2根
- 黑色連接器6個
- 方向盤型滑輪2個
- 樂高小人偶10個
  上述所需道具如**圖46-1**、
  46-2所示

- 50公分長黑色膠帶2條

STEP 1 ••••••••••••••••••••••••••••••

必須先做出一台投石器，投石器的做法有很多種，以下列舉其中一種。

STEP 2 ••••••••••••••••••••••••••••••

利用2個2×4平板前後固定住2根12個豆豆長橫桿，並在左邊橫桿側邊第1個孔洞上放入1個黑色連接器（阻擋發射器過度轉動用），此為投石器底座，如**圖46-3**所示。

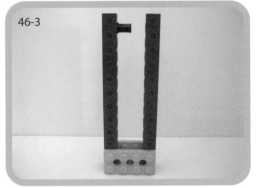

46-3

STEP 3 ••••••••••••••••••••••••••••••

拿起1根8個豆豆長橫桿，在側邊第1個與第7個孔洞中各放入1個黑色連接器，再與12個豆豆長橫桿結合，接著在12個豆豆長橫桿的前端平行放置1根2個豆豆長十字孔橫桿，在上方疊上2×2平板把2者固定，最後在橫桿底端直立1個2×6平板，完成如**圖46-4**所示的發射器。

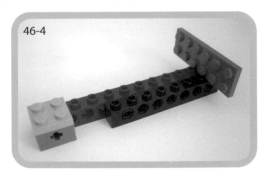

46-4

STEP 4 ‧‧‧‧‧‧‧‧‧‧‧‧‧

拿出1根6個豆豆長十字軸，把發射器與投石器底座結合，再把方向盤型滑輪固定在十字軸上，完成如**圖46-5**所示的投石器，依照上述做法，再製作出另1台投石器。

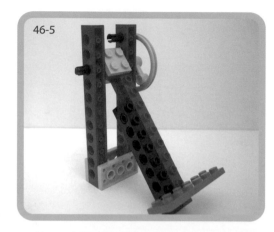

46-5

STEP 5 ‧‧‧‧‧‧‧‧‧‧‧‧‧

利用2條50公分長黑色膠帶或以其他物品劃線區隔敵我雙方（距離約50公分），在己方劃線區擺放10個磚塊，5個1組排列堆疊成如**圖46-6**所示的城門，亦即在雙方劃線區皆各有2組城門。

46-6

STEP 6 ‧‧‧‧‧‧‧‧‧‧‧‧‧‧‧‧‧‧‧‧‧‧‧‧‧‧‧‧‧

在雙方城門後方分別放置5個樂高小人偶（代表軍隊）。二人各拿5個2×2磚塊當石頭，面對面競賽，如**圖46-7**所示。透過投石器發射石頭（投石器不可超越黑線），先打垮對方陣地城門（全部磚塊）與軍隊（全部樂高小人偶）者即獲勝。

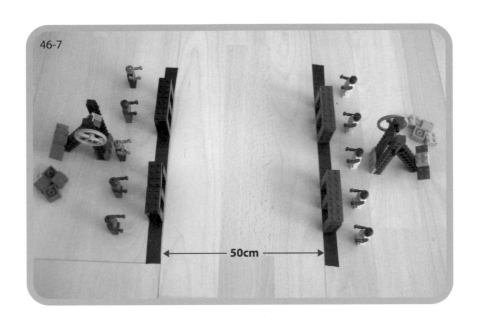

46-7

50cm

STEP 7 ●

比賽進行中，若5個2×2磚塊打完，已沒有石頭可繼續攻擊時，得在不妨礙對方攻擊的情況下，快速撿回最多5個2×2磚塊，回到自己隊伍後繼續執行攻擊任務。

STEP 8 ●

特別注意，若不小心把己方城門或軍隊打倒，則視同陣亡，不得有異議。

我的創意 ▶

47 驚爆九宮格

好玩指數 ▶

★★★★★ 適合2人、多人遊戲

挑戰任務 ▶

利用投石器發射15顆石頭，打下九宮格裡的平板數較多者即獲勝。

準備道具 ▶

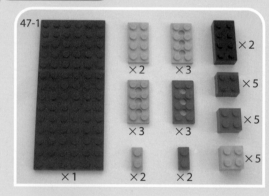

- 2×2磚塊15個
- 2×4磚塊2個
- 1×2平板4個
- 2×4平板11個
- 6×14平板1個
- 2個豆豆長十字孔橫桿4根
- 2個豆豆長橫桿2根
- 6個豆豆長橫桿2根
- 8個豆豆長橫桿2根
- 16個豆豆長橫桿6根
- 8個豆豆長十字軸1根
- 12個豆豆長十字軸1根
- 黑色連接器10個
- T型連接軸1個
- 方向盤型滑輪1個
- 套筒1個
- 輪子1個
  上述所需道具如圖**47-1**、**47-2**所示
- 50公分長黑色膠帶2條

STEP 1 •

必須先做出一台投石器,投石器的做法有很多種,以下列舉其中一種。

STEP 2 • • • • • • • • • • • • • •

在2個2×4磚塊上方疊上2根8個豆豆長
橫桿,接著在2根8個豆豆長橫桿前端
各依序疊上2個1×2平板、1根2個豆豆
長橫桿,最後在2根8個豆豆長橫桿側
邊的第1個孔洞以及2根2個豆豆長橫桿
側邊的孔洞中各放入1個黑色連接器,
完成如**圖47-3**的投石器底座。

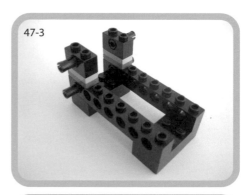
47-3

STEP 3 • • • • • • • • • • • • • •

取1根8個豆豆長十字軸,中間套進2根
2個豆豆長橫桿(十字孔),左右邊各
放1根6個豆豆長橫桿,再與圖40-3投石
器底座互相結合,另取1個套筒與1個
方向盤型滑輪加以固定。再取2個2×4
平板放在8個豆豆長橫桿上,以加強投
石器底座的堅固,如**圖47-4**所示。

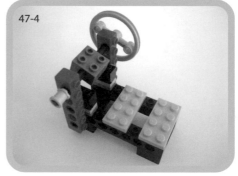
47-4

STEP 4 • • • • • • • • • • • • • •

拿出1根12個豆豆長十字軸,中間先套
進2根2個豆豆長十字孔橫桿,尾端再
套進1個T型連接軸,最後在T型連接軸
接上1個輪子,做成1組發射器。把發
射器與圖47-4中2個豆豆長十字孔橫桿
位置相結合,即完成1個投石器,如**圖
47-5**所示。

47-5

STEP 5 ⋯⋯⋯⋯⋯⋯

拿起4根16個豆豆長橫桿透過4個黑色連接器組合成一個「井」字。接著再透過2個黑色連接器把1根16個豆豆長橫桿固定在「井」字下方，形成如**圖47-6**所示的九宮格。

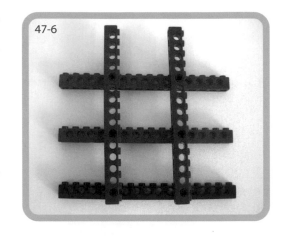
47-6

STEP 6 ⋯⋯⋯⋯⋯⋯

在6×14平板上放置1根16個豆豆長橫桿，與圖47-6的九宮格相結合後，拿出9個2×4平板，把平板的豆豆與橫桿的孔洞互相接合（輕輕壓下即可，切勿大力壓緊），如**圖47-7**所示，所有九宮格裡的框格中都放置了1個2×4平板。

47-7

STEP 7 ⋯⋯⋯⋯⋯⋯

利用2條50公分長黑色膠帶或以其他物品劃線區隔起始線與終點線，兩線距離約40公分，把投石器擺放在起始線，九宮格則放置在終點線上。

STEP 8 ●

以2×2磚塊當石頭，利用投石器發射石頭，讓石頭瞄準9個框格中的2×4平板，如**圖47-8**所示。試試看，在只能發射15次石頭的情況下，是否能讓平板全數倒下？此遊戲可二人以上同時進行，每人輪流發射石頭，以命中率最高者（擊落平板數最多者）獲勝。

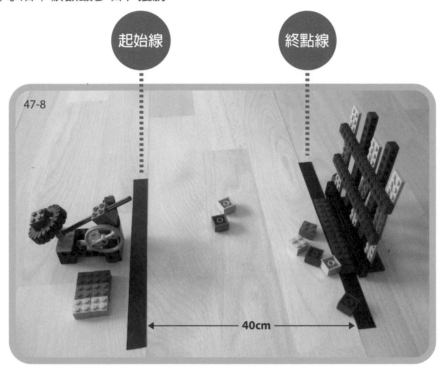

起始線

終點線

47-8

40cm

我的創意 ▶

48 木馬屠城

好玩指數 ▶

★★★★★ 適合2人、多人遊戲

挑戰任務 ▶

二人競賽，利用投石器發射石頭至中線小貨車，先把小貨車推到對方陣地者即獲勝。

準備道具 ▶

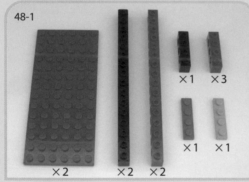

- 2×2磚塊10個
- 2×6磚塊2個
- 2×8磚塊2個
- 2×10磚塊2個
- 1×4平板2個
- 6×14平板2個
- 4個豆豆長橫桿4根
- 16個豆豆長橫桿4根
- 6個豆豆長十字軸2根
- 黑色連接器4個
- 套筒4個
  上述所需道具如**圖48-1**、**48-2**所示

- 小貨車1輛
- 50公分長黑色膠帶2條

STEP 1 • • • • • • • • • • •

必須先做出一台投石器，投石器的做法有很多種，以下列舉其中一種。

STEP 2 • • • • • • • • • •

把2×10磚塊、2×8磚塊、2×6磚塊各1個由下往上依序疊在6×14平板上，再把2根4個豆豆長橫桿放置在2×6磚塊上方，如**圖48-3**所示。

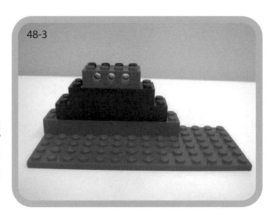

48-3

STEP 3 • • • • • • • • • • •

透過2個黑色連接器把2根16個豆豆長橫桿固定住，接著拿出6個豆豆長十字軸分別穿越16個豆豆長橫桿側邊的孔洞與4個豆豆長橫桿側邊的孔洞中，十字軸兩邊分別以1個套筒固定住，最後把1×4平板直立放置在16個豆豆長橫桿上，即完成如**圖48-4**所示的投石器。依照上述做法，再製作出另1台投石器，亦即共有2台投石器。

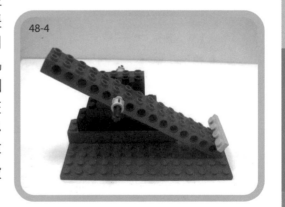

48-4

STEP 4 ●

二人各拿5個2×2磚塊當石頭，面對面競賽。利用2條50公分長黑色膠帶或以其他物品劃線區隔兩方，兩方距離約50公分，如**圖48-5**所示。在兩方中間陣地放置1輛小貨車，透過投石器發射石頭（2×2磚塊），讓石頭準確擊中小貨車，使小貨車往前移動，先把小貨車推進至對方黑線者即獲勝。

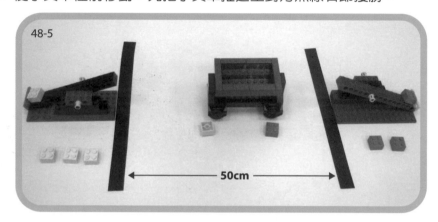

48-5

50cm

STEP 5 ●

競賽期間如有擋住小貨車前進的石頭，可以隨時清除障礙物，以利小貨車前進，如**圖48-6**所示。

48-6

障礙物

STEP 6 ··

比賽進行中，若5個2×2磚塊打完，已沒有石頭可繼續攻擊時，得在不妨礙對
方攻擊的情況下，快速撿回最多5個2×2磚塊，回到自己隊伍後繼續執行攻擊
任務。

我的創意 ▶

㊾ 城堡攻防

好玩指數 ▶

★★★★★ 適合2人、多人遊戲

挑戰任務 ▶

二人競賽，利用投石器發射石頭，先打垮對方陣地城牆者即獲勝。

準備道具 ▶

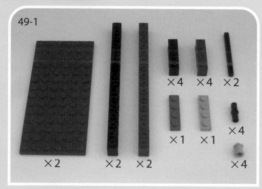

49-1

×2　×2　×2　×4 ×4 ×2　×1 ×1 ×4 ×4

49-2

×2　×2　×4　×12 ×5　×12 ×5

- 2×2磚塊10個
- 2×4磚塊24個
- 2×6磚塊4個
- 2×8磚塊4個
- 1×4平板2個
- 6×14平板2個
- 4個豆豆長橫桿8根
- 16個豆豆長橫桿4根
- 8個豆豆長十字軸2根
- 黑色連接器4個
- 套筒4個
  上述所需道具如**圖49-1**、**49-2**所示

- 50公分長黑色膠帶2條

STEP 1 · · · · · · · · · · · · · ·

必須先做出一台投石器，投石器的做
法有很多種，以下列舉其中一種。

STEP 2 · · · · · · · · · · · · · ·

先把2×8磚塊、2×6磚塊、2×4磚
塊各2個依序由下往上疊至6×14平
板上（左右邊相隔4個豆豆長的距
離），再把4根4個豆豆長橫桿放置
在最上面，形成如**圖49-3**所示的投
石器底座。

49-3

STEP 3 · · · · · · · · · · · · · ·

利用2個黑色連接器把2根16個豆豆
長橫桿固定之後，在底端直立放上
1×4平板，接著拿出1根8個豆豆長
十字軸，穿越16個豆豆長橫桿側邊
第7孔洞後，兩邊先以套筒固定，
最後再把十字軸固定於底座上，如
圖49-4所示。依照上述做法，再製
作出另1台投石器。

49-4

STEP 4 •••••••••••••••••••••••••••••

利用2條50公分長黑色膠帶或以其他物品劃線區隔兩方，兩方距離約50公分。
在己方劃線區擺放10個2×4磚塊，把這些磚塊反面堆疊成一面城牆，城牆堆
疊法如**圖49-5**所示，特別注意，磚塊只需輕疊在一起，不可用力壓緊。

49-5

STEP 5 •••••••••••••••••••••••••••••

二人各拿5個2×2磚塊當石頭，面對面競賽，如**圖49-6**所示。透過投石器發
射石頭（投石器不可超越黑線），先打垮對方陣地城牆（全數磚塊均退出劃
線區）者即獲勝。

STEP 6 •••••••••••••••••••••••••••••

比賽進行中，若5個2×2磚塊打完，已沒有石頭可繼續攻擊時，得在不妨礙
對方攻擊的情況下，快速撿回最多5個2×2磚塊，回到自己隊伍後繼續執行
攻擊任務。

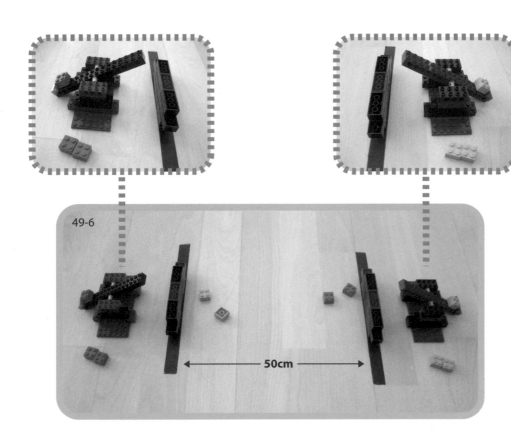

49-6

50cm

STEP 7 ··

特別注意，若不小心把己方2×4磚塊打倒，則視同倒塌，不得有異議。

我的創意 ▶

50 投籃高手

好玩指數 ▶

★★★★★ 適合2人、多人遊戲

挑戰任務 ▶

多人競賽，利用投石器發射10顆石頭，投進籃框的石頭數高者即獲勝。

準備道具 ▶

50-1

◎圖中的道具皆各準備1個

50-2

×2　×5　×5

×2　×2　×2

×4　×4　×1　×2

- 2×2磚塊10個
- 2×4磚塊1個
- 1×8平板4個
- 2×4平板2個
- 4×6平板1個
- 6×10平板1個
- 6×14平板1個
- 2×2L型平板2個
- 2個豆豆長橫桿（十字孔）2根
- 4個豆豆長橫桿1根
- 16個豆豆長橫桿4根
- 6個豆豆長十字軸1根
- 黑色連接器2個
- 套筒2個
- 輪子2個
  上述所需道具如**圖50-1**、**50-2**所示
- 50公分長黑色膠帶2條

STEP 1 ●

必須先做出一台投石器，投石器的做法有很多種，以下列舉其中一種。

STEP 2 ●

在4×6平板上方，把2根16個豆豆長橫桿與1根4個豆豆長橫桿排列成「ㄇ」字型，接著把2×4平板與2×4磚塊交互疊成「T」字型後，固定於16個豆豆長橫桿底端，如**圖50-3**所示。

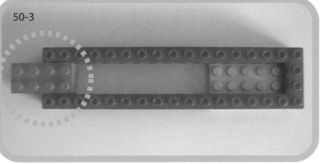

50-3

STEP 3 ●

在6個豆豆長十字軸的左右兩邊各套入1個套筒、1根2個豆豆長橫桿與1個輪子，再與**圖50-3**發射器相結合，並在橫桿尾端放上2×4平板強化結構的堅固度，即完成1個投石器，如**圖50-4**所示。

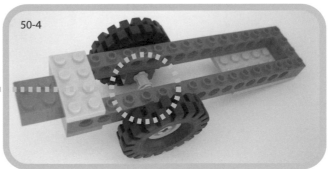

50-4

STEP 4 · · · · · · · · · · · · · · · ·

接著製作籃球架,先透過2個黑色連接
器把2根16個豆豆長橫桿固定住,在橫
桿前端第1個至第6個豆豆的位置放上1
個6×10的平板,如**圖50-5**所示。

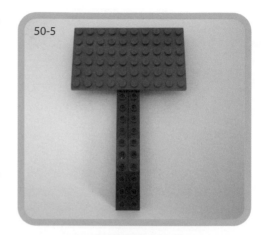

50-5

STEP 5 · · · · · · · · · · · · · · · ·

利用4個1×8平板圍成8×8的正方形,
把此正方形放在2×2L型平板上,再與
圖50-5的結構結合,最後利用另1個
2×2 L型平板把橫桿垂直立於6×14平
板上,完成如**圖50-6**的籃球架。

籃球框俯視圖

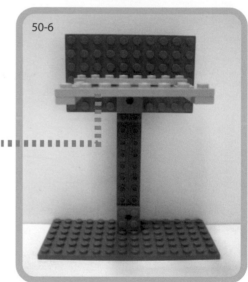

50-6

STEP 6 ·

利用2條50公分長黑色膠帶或以其他物品劃線區隔起始線與終點線,距離約
40公分,把投石器擺放在起始線,籃球架則放置在終點線上。

STEP 7 •••••••••••••••••••••••••••••••••••••

以2×2磚塊當石頭，利用投石器發射石頭，讓石頭瞄準籃框並且設法把石頭順利投進籃框中，如圖**50-7**與圖**50-8**所示。試試看，在只有10次投射機會的情況下，一共可以投進幾顆石頭？此遊戲可二人以上同時進行，每人輪流投射，以進球率最高者獲勝。

50-7

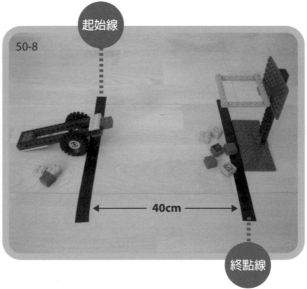

50-8

起始線

40cm

終點線

我的創意 ▶

闖關篇

附錄：解答

附錄：解答

01 移動世界 參考答案

STEP 1 ··

如圖1所示，把黃色框框內的橫桿往藍色框框位置移動，移動後形成如圖2所示的圖形。

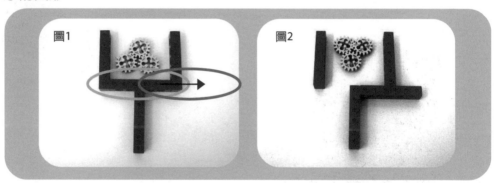

STEP 2 ··

如圖3所示，把黃色框框內的橫桿往綠色框框位置移動，移動完成後如圖4所示，此時齒輪已在酒杯外了。

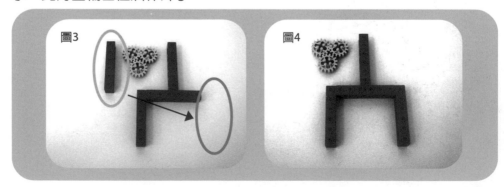

② 連成一線 　參考答案

STEP 1 ••••••••••••••••••••••••••••••

先把**圖5**中編號3的齒輪移至紅色齒輪左側，移動後如**圖6**所示。

STEP 2 ••••••••••••••••••••••••••••••

如**圖7**所示，把紅色齒輪移至編號1的齒輪左側，移動後如**圖8**所示。

STEP 3 ••••••••••••••••••••••••••••••

最後把編號3的齒輪（如**圖9**），移回編號2與編號4齒輪中間即可。如**圖10**所示，所有齒輪已成功連成一線。

⑩3 田 （參考答案）

把四根橫桿並列，如**圖11**所示。

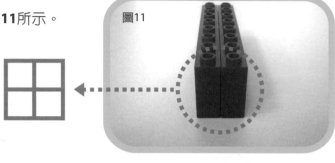

⑩5 菱形 （參考答案）

STEP 1 • • • • • • • • • •

先拿起**圖12**中6根黑色的十字軸，拿
起後形成如**圖13**的圖形。

STEP 2 • • • • • • • • • •

再把此6根黑色十字軸放在**圖14**的相
關位置，即形成6個菱形的圖形。

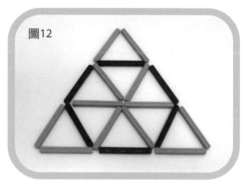

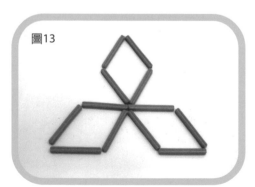

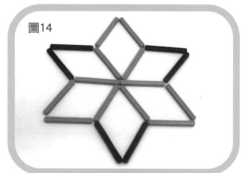

06 移動方位 參考答案

把圖15中標示數字1、2、3的黑色圓磚依序移動到紅色圓磚的位置，移動後則原本指向左邊的箭頭已成功轉向右邊，如圖16所示。

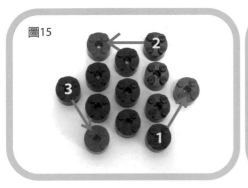

圖15

圖16

07 井字排列 參考答案

此遊戲技巧為數字5必須在中間，而每1排相加總和都必須是15。圖17數字的排法為其中1種解答。

圖17

08 重建旅館 參考答案

把12根木頭重新排列成1個六角形，如圖18所示，則旅館又可以擁有6間面積大小相同的房間。

圖18

09 加減乘除 參考答案

STEP 1 ・・・・・・・・・・

讓加法算式變成減法,把從加號上拿起的多餘橫桿放在數字5的位置,讓數字5變成數字9。

圖19

STEP 2 ・・・・・・・・・・

如**圖19**所示,把編號1的十字軸拿起並放在紅色虛線的位置即可。正確算式為11-9=2,如**圖20**所示。

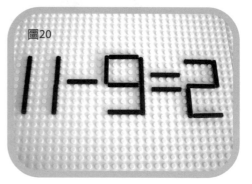

圖20

STEP 3 ・・・・・・・・・・

題目1算式原為1+8-8-1=9,正確算式為1+8-8-1=0,把數字9變成數字0即可。

STEP 4 ・・・・・・・・・・

題目2算式為5+15=4-16,正確算式為5+15-4=16,把等號變成減號,減號變成等號即可。

14 補破牆 參考答案

總共需要補上12個2×4磚塊,才能讓牆壁恢復原本的面貌。

17 俄羅斯方塊 參考答案

圖**21**的排列方式為其中一種解答。

圖21

18 轉動齒輪 參考答案

把4個齒輪（2個24齒數齒輪與2個16齒數齒輪）排列在如圖**22**所示的位置即可。

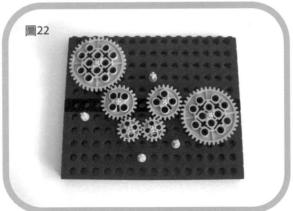

圖22

19 熱帶魚 參考答案

移動**圖23**中4根黑色十字軸，按順序把它們分別放置到**圖24**中的相關位置，則魚頭方向可成功從右邊轉向左邊。

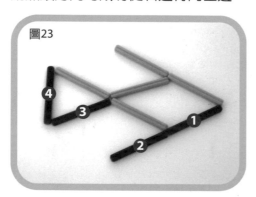

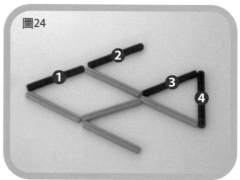

20 魔術椅 參考答案

把**圖24**中編號1、2的2根黑色十字軸移動到**圖25**的相關位置，就可扶正四腳朝天的椅子。

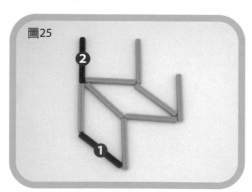

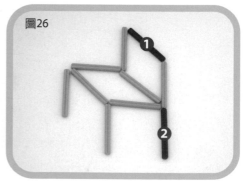

㉑ 文字遊戲 参考答案

移動**圖27**中的3根黑色十字軸，並把它們放置到**圖28**的相關位置，則「目」字型即變更為「引」字型。

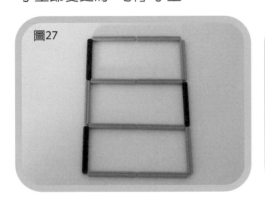

圖27

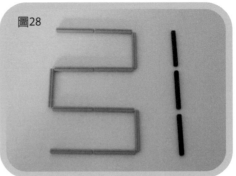

圖28

玩出創造力──50個樂高創意遊戲

著　　　者／黃楹進
出 版 者／揚智文化事業股份有限公司
發 行 人／葉忠賢
總 編 輯／閻富萍
執　　編／宋宏錢
地　　　址／台北縣深坑鄉北深路三段 260 號 8 樓
電　　　話／(02)8662-6826
傳　　　真／(02)2664-7633
網　　　址／http://www.ycrc.com.tw
　E-mail　／service@ycrc.com.tw
印　　　刷／鼎易印刷事業股份有限公司
　I S B N　／978-957-818-948-5
初版一刷／2010 年 3 月
定　　　價／新台幣 380 元

國家圖書館出版品預行編目資料

玩出創造力：50個樂高創意遊戲／黃楸進著.
-- 初版. -- 臺北縣深坑鄉：揚智文化,
2010. 03
　　面；　公分.
ISBN　978-957-818-948-5（平裝）

1.玩具　2.兒童遊戲　3.創造力

523.15　　　　　　　　　　　99003312